MANUAL DE
PLANEJAMENTO ESTRATÉGICO

O GEN | Grupo Editorial Nacional – maior plataforma editorial brasileira no segmento científico, técnico e profissional – publica conteúdos nas áreas de ciências sociais aplicadas, exatas, humanas, jurídicas e da saúde, além de prover serviços direcionados à educação continuada e à preparação para concursos.

As editoras que integram o GEN, das mais respeitadas no mercado editorial, construíram catálogos inigualáveis, com obras decisivas para a formação acadêmica e o aperfeiçoamento de várias gerações de profissionais e estudantes, tendo se tornado sinônimo de qualidade e seriedade.

A missão do GEN e dos núcleos de conteúdo que o compõem é prover a melhor informação científica e distribuí-la de maneira flexível e conveniente, a preços justos, gerando benefícios e servindo a autores, docentes, livreiros, funcionários, colaboradores e acionistas.

Nosso comportamento ético incondicional e nossa responsabilidade social e ambiental são reforçados pela natureza educacional de nossa atividade e dão sustentabilidade ao crescimento contínuo e à rentabilidade do grupo.

TADEU CRUZ

MANUAL DE

PLANEJAMENTO ESTRATÉGICO

FERRAMENTAS PARA DESENVOLVER, EXECUTAR E APLICAR

Não é responsabilidade da editora nem do autor a ocorrência de eventuais perdas ou danos a pessoas ou bens que tenham origem no uso desta publicação.

Apesar dos melhores esforços do autor, do editor e dos revisores, é inevitável que surjam erros no texto. Assim, são bem-vindas as comunicações de usuários sobre correções ou sugestões referentes ao conteúdo ou ao nível pedagógico que auxiliem o aprimoramento de edições futuras. Os comentários dos leitores podem ser encaminhados à **Editora Atlas Ltda.** pelo e-mail editorialcsa@grupogen.com.br.

O autor e a editora empenharam-se para citar adequadamente e dar o devido crédito a todos os detentores dos direitos autorais de qualquer material utilizado neste livro, dispondo-se a possíveis acertos caso, inadvertidamente, a identificação de algum deles tenha sido omitida.

Direitos exclusivos para a língua portuguesa
Copyright © 2017 by
Editora Atlas Ltda.
Uma editora integrante do GEN | Grupo Editorial Nacional

Reservados todos os direitos. É proibida a duplicação ou reprodução deste volume, no todo ou em parte, sob quaisquer formas ou por quaisquer meios (eletrônico, mecânico, gravação, fotocópia, distribuição na internet ou outros), sem permissão expressa da editora.

Rua Conselheiro Nébias, 1384
Campos Elísios, São Paulo, SP – CEP 01203-904
Tels.: 21-3543-0770/11-5080-0770
editorialcsa@grupogen.com.br
www.grupogen.com.br

Designer de capa: Gabriel Calou
Projeto gráfico e editoração eletrônica: Caixa Alta Editoração | Ronaldo Alexandre

CIP-BRASIL. CATALOGAÇÃO NA PUBLICAÇÃO
SINDICATO NACIONAL DOS EDITORES DE LIVROS, RJ

Cruz, Tadeu
Manual de planejamento estratégico : ferramentas para desenvolver, executar e aplicar / Tadeu Cruz. – São Paulo: Atlas, 2017.

Apêndice
Inclui bibliografia.
ISBN 978-85-97-01219-4

1. Planejamento empresarial 2. Planejamento estratégico. I. Título.

17-42281	CDD-651.4012
	CDU: 005.51

DEDICATÓRIA

Para meus irmãos Marcelo (homenagem póstuma), Maria Leônia e para meus amigos-irmãos Ivan e Walter José.

E para Mar Grande, Ilha de Itaparica, Baía de Todos os Santos.

Saudades de tempos felizes, muito felizes, sem TV, computadores, WhatsApp, Internet...

"A essência da Estratégia está em escolher o que não fazer."

Michael Porter

Material Suplementar

Este livro conta com os seguintes materiais suplementares:

- Apresentações para uso em sala de aula (.PDF) (restrito a docentes).

O acesso aos materiais suplementares é gratuito. Basta que o leitor se cadastre em nosso *site* (www.grupogen.com.br), faça seu *login* e clique em Ambiente de Aprendizagem, no menu superior do lado direito.

É rápido e fácil. Caso haja dificuldade de acesso, entre em contato conosco (sac@grupogen.com.br).

GEN-IO (GEN | Informação Online) é o repositório de materiais suplementares e de serviços relacionados com livros publicados pelo GEN | Grupo Editorial Nacional, maior conglomerado brasileiro de editoras do ramo científico-técnico-profissional, composto por Guanabara Koogan, Santos, Roca, AC Farmacêutica, Forense, Método, Atlas, LTC, E.P.U. e Forense Universitária. Os materiais suplementares ficam disponíveis para acesso durante a vigência das edições atuais dos livros a que eles correspondem.

SUMÁRIO

Introdução, xv

Uma Explicação, xix

1 Histórico do Planejamento Estratégico, 1
    1.1   O que é planejamento estratégico?, 2
    1.2   Sobre as diretrizes, 3
    1.3   Identidade organizacional, 4
    1.4   Os três elementos, 6
    1.5   Planejamento estratégico – Conceitos e empregabilidade, 11
    1.6   Passos do modelo Ansoff, 16
    1.7   Michael Porter e as forças que governam as empresas, 17
    1.8   Etapas para o planejamento estratégico, 20
    1.9   Princípios de Administração Estratégica, 23
    1.10 Aprendendo com cenários, 24
    1.11 Componentes de um cenário, 25
    1.12 Etapas da construção de cenários, 26
    1.13 Hoshin Kanri, 27
    Conclusão, 36
    Questões para debate, 37

2 Planejamento Estratégico, 39
    2.1   Hoshin e a Metodologia DOMP™, 40

xii Sumário

2.2   Três etapas do planejamento estratégico, 41
2.3   Planejamento estratégico, 41
2.4   Planejamento estratégico – Resumo Geral, 42
2.5   Planejamento estratégico – Objetivo & Estratégia(s) – Plano de Ação(ões), 45
2.6   Planejamento Estratégico – Atividades & Orçamento, 48
2.7   Planejamento Estratégico – Plano de Implantação, 51
2.8   Planejamento Estratégico – Objetivo – Atividades / Processo / Subprocesso / Rotina, 54
2.9   Análise SWOT, 57
2.10 Formulários SWOT, 58
2.11 Pontos fortes, 58
2.12 Pontos fracos, 66
Conclusão, 74
Questões para debate, 75
Adendo, 76

3 Planejamento Tático, 79
3.1   Concretizando o planejamento estratégico, 81
3.2   Questões abordadas no plano tático, 82
3.3   Níveis de planejamentos, 83
3.4   Desperdícios, 85
3.5   Solução de problemas e melhoria de desempenho, 88
3.6   Problemas, desempenho & metas, 88
3.7   Metas & FCS, 91
3.8   FCS & obstáculos, 95
3.9   Obstáculos & soluções, 98
3.10 Macroplano & FCS, 101
3.11 Plano de ação – Resumo Gerencial, 104
Conclusão, 107
Questões para debate, 108

4 Planejamento Operacional, 109
4.1   Diretrizes, 110
4.2   Exemplo de diretrizes, 111
4.3   O plano operacional, 112
4.4   Etapas de um planejamento operacional, 112
4.5   Como construir o plano operacional, 114
4.6   Formulário Info_prOcesso, 115
4.7   Formulário Info_Atividades_&_Metas, 119

4.8 Formulário Info_Atividade_Orçamento, 129

Conclusão, 132

Questões para debate, 134

5 Orçamentos de Investimentos & Operacional, 135

5.1 Orçamento de investimentos, 136

5.2 Para construir o orçamento de investimentos, 138

5.3 Orçamento operacional, 147

5.4 Observação importante, 150

Conclusão, 152

Questões para debate, 152

6 Processos de Negócio, 153

6.1 O que necessariamente deve ser documentado, 154

6.2 Identificar o produto, 156

6.3 Identificar o processo, 162

6.4 Id prOcesso, 163

6.5 Identificar cada atividade do processo, 170

6.6 Identificar cada procedimento existente em cada atividade, 184

Conclusão, 189

Questões para debate, 190

Adendo – Relatório final da Samsung aponta bateria como culpada por fogo no Galaxy, 190

7 Avaliação de Desempenho Organizacional, 193

7.1 O que é e como documentar, 194

7.2 Formas de avaliação de desempenho, 194

7.3 Contratações de colaboradores, 195

7.4 O funcionOgrama, 199

7.5 Quem avalia?, 212

Conclusão, 213

Questões para debate, 214

Apêndice, 215

Relação de formulários utilizados no texto, 215

Referências, 217

INTRODUÇÃO

Se você não sabe aonde quer ir, qualquer caminho serve.
Charles Lutwidge Dodgson (mais conhecido pelo seu pseudônimo Lewis Carroll), *Alice no País das Maravilhas*

Este deveria ser o lema de toda organização que sonha em ter um plano estratégico e está pensando em construir algum. Qualquer organização sem um planejamento estratégico, ainda que simples, dificilmente sabe para onde pode ir e quer chegar e simplesmente deixa-se levar pelas circunstâncias que cada momento lhe apresenta.

Outro lema muito oportuno para tais organizações é: "Nenhum vento sopra a favor de quem não sabe para onde ir" (Sêneca).[1]

O planejamento estratégico é importante para uma organização por vários motivos, entre os quais posso citar: a possibilidade de conhecer a si mesma, saber de suas fraquezas e de ameaças que tais fraquezas fazem aparecer. Permite saber de suas potencialidades e oportunidades e de onde virá o dinheiro que deverá ser investido no orçamento de investimento oriundo do planejamento estratégico.

---

[1] Lucius Annaeus Sêneca ou simplesmente Sêneca (Corduba, 4 a.C. — Roma, 65) foi um dos mais célebres advogados, escritores e intelectuais do Império Romano.

Como se todos esses benefícios já não fossem o bastante para incentivar qualquer organização a criar um planejamento estratégico, há mais um que creio ser definitivo: permitir que seus colaboradores saibam para onde estão indo, já que estão todos no mesmo barco, e, com isso, possam se empenhar corretamente para fazer a organização atingir seus objetivos.

Este livro traz algo novo no universo da literatura que aborda o tema. Não tem a pretensão de ser o maior, nem, muito menos, de ser o melhor, mas de ser diferente na medida em que apresenta ferramentas que possibilitam criar um planejamento estratégico extremamente objetivo e utilizável, executável nas operações diárias de qualquer organização. Dessa forma, o planejamento estratégico será mais um instrumento de gestão e não um volume encadernado, físico ou eletrônico, em algum lugar, e que as organizações têm somente para dizer que têm.

Mas devemos nos perguntar:

– Ainda há espaço para o planejamento estratégico no mundo em que vivemos?

- Em um mundo como o que temos hoje ainda vale falarmos em planejamento estratégico e fazermos um?

Um mundo tão volátil, tão dinâmico, que diariamente nos apresenta distorções e idiossincrasias como a eleição norte-americana de 2016, na qual quem ganhou no voto popular, Hilary Clinton, perde a cadeira de presidente para o candidato que perdeu no voto popular, Donald Trump, que se tornou o 40º presidente dos EUA.

Um mundo tão dinâmico e líquido que não nos permite termos verdades absolutas duradouras, por muito mais tempo que umas horas ou minutos, principalmente em matéria de economia, oportunidades de negócio e tecnologias da informação.

Ainda podemos confiar em um planejamento estratégico?

Sim. Eu penso que principalmente por causa dessa volatilidade em que todos nós vivemos é que um planejamento estratégico se torna muito mais necessário e importante.

Afinal, planos são feitos para que possamos mudá-los, ajustá-los, atualizá-los à medida que o tempo passa e as condições e o ambiente no qual as organizações estão inseridas mudam.

O planejamento estratégico, quando bem-feito, dará às organizações as possibilidades de corrigir o rumo dos negócios com segurança.

Lembra-se da primeira frase na introdução deste livro?

"Se você não sabe aonde quer ir, qualquer caminho serve", e eu acrescento: e nenhuma mudança pode ser feita quando você não sabe que está perdido no meio do caminho!

Simplesmente porque não há caminho.

Finalmente, busquei fazer este livro extremamente prático e por isso enxuguei ao máximo longas explanações acadêmicas que podem ser encontradas em dezenas de livros e trabalhos de planejamento estratégico.

Também por ter esse objetivo em mente ao me propor a escrever sobre planejamento estratégico, desci ao nível mais operacional que qualquer organização tem, produza o que produzir, seja da indústria de manufatura, seja da indústria de serviço.

Ao escrever este livro, preocupei-me em fazer que o título fosse o mais fiel possível à obra, isto é, que fosse realmente um MANUAL DE PLANEJAMENTO ESTRATÉGICO, contendo métodos, técnicas e procedimentos com formulários que pudessem de fato e na prática auxiliar a todos que o queiram fazer.

Espero ter conseguido.

UMA EXPLICAÇÃO

Várias vezes, ao longo deste livro, faço menção a uma Metodologia DOMP™.

Mas o que é essa metodologia?

DOMP™ é um acrônimo formado pelas primeiras letras de Documentação, Organização e Melhoria de Processos; é uma metodologia para mapeamento, análise, modelagem, implantação e gerenciamento de processos de negócio bastante detalhada.

A Metodologia DOMP™ empregada em diversos tipos de projetos, tais como nos de análise e modelagem de processos de negócio e de planejamento estratégico, vem sendo desenvolvida pelo prof. Tadeu Cruz há mais de 25 anos e se aplica a qualquer tipo de organização.

Ela já foi empregada com sucesso em países como Brasil, Estados Unidos, Venezuela, Paraguai, Portugal, Moçambique e Angola, entre outros.

A Metodologia DOMP™ é formada por um conjunto de diretrizes, regras de negócio e 133 formulários que permitem trabalhos em Planejamento Estratégico, Gerenciamento de Projetos, Gerenciamento de Processos e *Design Thinking*. Os formulários podem ser baixados através de um PIN para os leitores que adquirirem a publicação. Os professores cadastrados no *site* do GEN terão acesso a *slides* de acordo com os capítulos da obra, para utilização em sala de aula.

Testemunhos sobre a Metodologia DOMP™, com as devidas autorizações dos profissionais aqui citados.

> *"Escolhemos a metodologia do prof. Tadeu Cruz porque precisávamos de informações sólidas, detalhadas e úteis sobre o processo. Nossa intenção era melhorar e automatizar os processos de logística em nível operacional. A maioria dos métodos atualmente disponíveis fica num nível muito superficial de informação, que raramente permite identificar oportunidades de melhoria. 'O diabo mora nos detalhes'. O método do Tadeu nos permitiu ter o domínio do processo quase que como se o vivenciássemos no dia a dia. Isso facilita muito o trabalho de análise dos especialistas. Pudemos identificar, nos detalhes do processo, oportunidades de melhoria significantes, que ainda não havíamos conseguido enxergar nos mapeamentos de processo anteriores. Além disso, o escopo de informações que a metodologia DOMP captura do processo já subsidia de forma completa uma posterior automação de processo ou implantação de sistema de TI, economizando tempo com levantamento de requisitos."*

> Estéfano S. Cerqueira – Otimização de processos de logística de suprimentos das operações de exploração e produção da Petrobras. E&P-SERV/US-LOG/OPNP/Otimização de Processos de Logística – Rio de Janeiro, 28 de agosto de 2013.

> *"A Metodologia DOMP™ mostra o que realmente pode ser aplicado na empresa, não fica somente um conhecimento teórico, que não vai ser mais utilizado, além de estimular a aplicação com exercícios, o que facilita ainda mais a aplicação das ferramentas na empresa e do conhecimento profissional do prof. Tadeu Cruz. A Metodologia DOMP™ me ajudou a visualizar como desenvolver todo o projeto."*

> Tatiana Baruffi, analista de processos da WEG.

"Durante a minha passagem pela Clear Channel, eu liderei um projeto de Processos de Negócios e, para esse desafio, nós contratamos a TRCR. O prof. Tadeu pessoalmente atuou no projeto e os resultados não só superaram as expectativas, como eu tive a oportunidade de aprender e passar a ser um entusiasta de processos de negócios. Tenho profunda admiração pelo professor, profissional e a pessoa do Tadeu Cruz. Tenho a sorte de hoje tê-lo como um amigo."

Olavo Soares – CIO da empresa KidZania Brasil.

"Leciono algumas disciplinas no curso da Arquivologia da UFMG (Informática Instrumental, Gestão de Documentos Eletrônicos, dentre outras), onde teoricamente se formam os futuros profissionais que vão lidar com documentação e arquivos. Infelizmente, tenho verificado que os alunos não recebem noções de gestão de projetos, mapeamento de processos, notações de linguagens diagramáticas etc. Hoje, eles chegam ao mercado com pouca preparação nesses assuntos, no meu entender, essenciais. Acho que a DOMP pode ajudar a preencher essa lacuna, de forma que pretendo inserir algo sobre ela em minhas disciplinas. Além disso, vou recomendar ao Núcleo da Escola que coordena os programas das disciplinas a criação de uma disciplina específica para esse fim, de forma que tenhamos mais espaço para ensinar conteúdos de natureza prática. Acho que será de grande valia para os alunos e aumentará suas possibilidades no mercado. No nível de mestrado/doutorado, tenho alunos estudando especificamente o que é um processo, com fundamentação na filosofia, administração, computação etc. Acho que eles terão interesse em ver uma metodologia do mundo real para efeito de comparação."

Mauricio B. Almeida, prof. PhD – Departamento de Teoria
e Gestão da Informação – Escola de Ciência da Informação
– UFMG.

HISTÓRICO DO PLANEJAMENTO ESTRATÉGICO

Objetivos de aprendizagem

- Definir o que são planejamento estratégico, planejamento tático e planejamento operacional.
- Explicar cada um dos planos organizacionais.
- Definir as boas práticas de planejamento.
- Conceituar os perfis profissionais dos profissionais que planejam.
- Entender as relações entre os três tipos de planejamento.
- Aprender quais são as três importantes diretrizes organizacionais.

Temas

- Histórico do planejamento estratégico.
  Como o planejamento estratégico se desenvolveu desde tempos imemoriais.
- Os diversos modelos de planejamento estratégico.
  Os principais modelos e pensamentos sobre planejamento estratégico.
- O modelo Hoshin.
- Introdução à Hoshin Kanri, que será mencionada como base para a extensão da Metodologia DOMP™.

1.1 O que é planejamento estratégico?

É o uso de técnicas, métodos e ferramentas que criam o futuro da organização!

O planejamento estratégico sempre existiu em menor ou maior grau, com menos ou com mais ferramentas e tecnologias da informação ou com outras tecnologias quaisquer. No passado pode não ter sido chamado de planejamento estratégico, mas ao longo da história são claros os exemplos de planos de longo prazo que encontramos em vários documentos.

Seja você religioso ou não, na Bíblia está um dos exemplos mais marcantes de planejamento estratégico que conheço – o que José do Egito teria feito e executado para salvar o Egito dos sete anos de fome que se seguiram aos sete anos de fartura. Não importa se ele sonhou e se foi mesmo um Deus onipresente, onisciente, todo-poderoso que lhe avisou sobre o que iria acontecer; o certo é que ele planejou estrategicamente a condução do Reino primeiro nos sete anos de fartura e depois nos sete anos de desgraça. E mais que isso, soube ligar o planejamento estratégico ao planejamento operacional de forma a executar as operações do dia a dia com base no plano de catorze anos que havia feito.

Mas vamos trazer o histórico do planejamento estratégico para mais perto dos nossos dias.

Antes da Segunda Guerra Mundial, o planejamento que era feito pelas organizações se limitava apenas para as operações físicas de fabricação. Tratava-se essencialmente de um processo bastante fragmentado e desarticulado, desenvolvido em segmentos isolados da instituição.

Até a década de 1950, as transformações, tanto na sociedade em geral como no mundo de negócios, eram muito lentas e lineares, sem rupturas, sobressaltos tecnológicos ou quebras de paradigmas. Foi só a partir dessa década, 1950, e mais especificamente com a chegada dos computadores eletrônicos ao mundo dos negócios que os critérios de administração empírica adotados até então passaram a dar lugar a uma administração mais científica e profissional. Antes, o que precisava ser feito só o era por meio de ações pontuais, ainda que as empresas falassem em planos de longo prazo.

Quando os planos de longo prazo existiam, geralmente ficavam relegados a estantes onde, com suas capas vistosas, serviam como cartão de visita a quem visitasse as salas dos altos executivos.

Existem diversos métodos, abordagens e metodologias para que se possa realizar um planejamento estratégico; adiante veremos um dos mais eficazes que conheço, pois aprendi a planejar estrategicamente por meio dessa metodologia quando trabalhei na Hewlett Packard (HP).

Entretanto, antes de fazer o planejamento estratégico a organização precisa definir a si mesma.

1.2 Sobre as diretrizes

Existem dois tipos de diretrizes:

- organizacional; e
- genérica.

As diretrizes organizacionais são a visão, a missão e os valores.

As diretrizes genéricas consistem em como chamo as leis, normas, políticas, protocolos, acordos, regimentos etc. que orientam a vida das organizações, públicas ou privadas.

As diretrizes, por um lado, impedem-nos de "inventarmos" nos processos que recriamos ou criamos qualquer coisa que vá contra tais documentos. Por outro lado, facilitam a nossa vida de analistas de processos, porque evitam que entremos em discussões inúteis quando queremos inventar qualquer coisa que não seja permitida pelas diretrizes.

Em alguns tipos de organizações as diretrizes têm um peso muito grande. As organizações públicas, por exemplo, estão submetidas à Lei nº 8.666, que rege as compras para o Setor Público. Nas universidades há os regimentos, entre outras diretrizes aprovadas pelo Conselho Universitário, que chegam a ter força de lei.

1.3 Identidade organizacional

Toda organização deve desenvolver um conjunto de itens que será sua identidade organizacional. A eles damos os nomes de:

- visão;
- missão;
- valores.

Definir a missão, a visão e os valores da organização é algo que requer muito cuidado, pois, uma vez definidos, deverão ser elementos que orientam o dia a dia da organização. O trabalho de definição desses elementos não se resume a buscar resolver todos os problemas que uma definição de autoconhecimento traz para a organização em uma única reunião. Afinal, a missão, a visão e os valores não são algo que seja necessário apenas decidir, mas algo para se buscar viver plenamente a cada dia depois de definidos.

Definir a missão, a visão e os valores é uma das atividades mais importantes do planejamento estratégico e o que mais orienta a organização para o pleno exercício da liderança compartilhada.

E como esses importantes elementos organizacionais são definidos?

Uma das primeiras providências na realização do planejamento estratégico é discutir aonde a organização quer chegar e com base em quais crenças ela percorrerá o caminho que a levará ao futuro. Claro, nenhuma organização, nem mesmo as criminosas, declara explicitamente algo que possa induzir seus clientes ao erro. Entretanto, tenho constatado que, na maioria das vezes, a definição da missão, da visão e dos valores é um ato puramente formal. Como se defini-los fosse algo necessário apenas à continuidade do planejamento estratégico. Ou, na melhor das hipóteses, para ficarem pendurados em cada parede da organização.

Usando um termo da psicologia muito na moda atualmente, a missão, a visão e os valores devem ser introjetados[1] por todos os colaboradores da organização. Isto é, todos devem passar a vivê-los plenamente no dia a dia.

---

[1] Introjeção: termo usado em Psicologia. Processo através do qual o indivíduo, de forma inconsciente, incorpora e passa a considerar como seus características e valores de outrem. Assimilação.

Oliveira (2015, p. 323) ressalva que

> Algumas das formas de desenvolver um planejamento estratégico que apresente uma situação mais realista para os funcionários da empresa é a consideração dos seguintes aspectos:
>
> - A explicitação da interligação e interdependência entre todas as áreas da empresa;
> - A interligação dos vários aspectos do planejamento estratégico com os planejamentos táticos e operacionais da empresa;
> - A data-limite para a conclusão do desenvolvimento do plano estratégico é a data de início do plano orçamentário da empresa; e
> - Deverá gerar, após sua consolidação, diversos planos de ação, os quais serão desenvolvidos pelas várias áreas da empresa, de forma perfeitamente interligada.

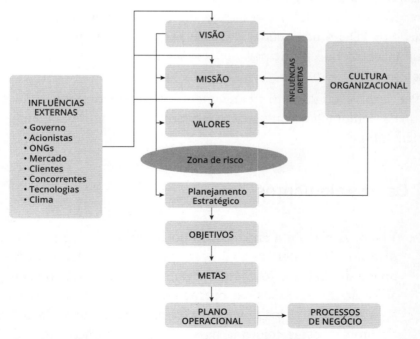

Figura 1.1 Conjunto de forças que influenciam a organização.

6 CAPÍTULO 1

A Figura 1.1 deve ser entendida da seguinte forma: uma vez definidos a visão, a missão e os valores, elementos que no momento das suas definições sofrem fortes influências de governos (leis, decretos, portarias etc.), acionistas, ONGs, mercados, clientes, concorrentes, tecnologias, clima etc., a organização pode criar o planejamento estratégico. Entretanto, há uma zona de risco que a organização precisa saber que existe para poder vencê-la. Muitas organizações dão-se por satisfeitas em poder divulgar sua visão, missão e valores, mas somente isso não é suficiente para permitir que todos os colaboradores trabalhem afinados e focados numa mesma direção. O desdobramento do plano estratégico em objetivos, e estes, por sua vez, em metas, é que finalmente trará para a organização a possibilidade de operar no dia a dia com foco definido no plano estratégico.

É preciso, também, ressaltar que uma das maiores dificuldades na criação das diretrizes organizacionais e, consequentemente, na criação do planejamento estratégico é a falta de comprometimento dos participantes que devem defini-los ou criá-los.

Explico: hoje em dia ninguém tem tempo para nada. Então, quando se precisa da participação da alta direção para tais definições é um verdadeiro "Deus nos acuda!". Quase sem exceções, todos têm mais o que fazer do que participar das sessões de criação do planejamento estratégico.

Por isso, a criação do planejamento estratégico torna-se, a cada dia, mais demorada e complexa, e o motivo é a falta de empenho dos participantes.

1.4 Os três elementos

- **Visão.** A visão é a antecipação do futuro desejado para a organização. Ela reflete o alvo a ser perseguido pelos esforços individuais, pelos esforços da organização como um todo e pela alocação dos recursos nas operações diárias. Deve conter tanto a aspiração como a inspiração. A aspiração de tornar-se "algo" deve claramente estar colocada na visão, e a inspiração deve definir

porque esse "algo" deve merecer e valer a pena ser concretiza-
do. Todos na organização devem sentir orgulho em participar da
construção dessa visão e, para que isto ocorra, novamente a visão
deve ser algo assimilado naturalmente, como se fizesse parte das
aspirações de cada colaborador.

- **Missão.** A missão deve definir claramente o que a organização se
propõe a fazer e para quem ela deve fazer. Deve ser uma declaração concisa do propósito e das responsabilidades da organização
perante os seus clientes e a comunidade em geral. A missão deve
responder de forma inequívoca por que a organização existe, o
que ela faz e para quem faz. O propósito da definição da missão
é o de ser algo com muito mais significado do que uma simples
descrição daquilo que é feito internamente. A missão retrata a
verdade de que o resultado da organização é maior do que a soma
das partes do que é feito.

- **Valores.** São princípios morais ou crenças que servem de guia
para o comportamento de todos os colaboradores dentro da organização. Na literatura internacional os valores são também conhecidos como *way of life*, modo de vida. Valores são elementos
que necessariamente devem guiar as atitudes e as decisões de
toda e qualquer pessoa que, no exercício das suas responsabilidades e na busca dos objetivos da organização, esteja engajada nas
operações do dia a dia. Os valores podem ser vistos como crenças
ou princípios que definem e facilitam a participação das pessoas
no desenvolvimento da missão, visão e, consequentemente, dos
seus próprios valores; além de garantir o comprometimento dos
empregados com a comunidade e a sociedade como um todo.

Em 2016 vivemos sob o impacto das revelações que a Operação Lava
Jato nos proporcionou. Além da corrupção desenfreada da classe política,
o que deve chamar a nossa atenção aqui é a completa falta, ou o completo esquecimento, dos valores éticos e morais das empresas envolvidas
nos escândalos. Todas as envolvidas, simplesmente, atropelaram, esma-
garam e trituraram todos os valores definidos em suas identificações.

Depois de serem pegas "com a boca na botija", publicaram em jor-
nais de circulação nacional retratações e pedidos de desculpas à nação.

Quem sabe, caso não tivessem sido descobertas, tivessem continuado com as práticas criminosas? No Adendo do Capítulo 2 reproduzo uma nota de uma dessas empresas.

Definir a missão, a visão e os valores é algo que deve ser feito com extremo cuidado, pois, afinal, esses três elementos serão a identificação que a organização cuidou de criar para si mesma e como ela quer ser reconhecida pela sociedade.

Exemplo

McDonald's

Missão: Servir comida de qualidade, proporcionando sempre uma experiência extraordinária.

Visão: Duplicar o valor da companhia, ampliando a liderança em cada um dos mercados.

Valores:

- Oferecemos qualidade, serviço e limpeza aos nossos clientes.
- Temos um forte compromisso com a nossa gente.
- Maximizamos a rentabilidade das nossas operações.
- Operamos um negócio em um ambiente ético e responsável.
- Contribuímos com o desenvolvimento das comunidades nas quais atuamos.

Exemplo

Google

Missão: Organizar as informações do mundo e torná-las mundialmente acessíveis e úteis.

Exemplo

Caterpillar

Missão: Possibilitar o crescimento econômico por meio do desenvolvimento de energia e infraestrutura, e fornecer soluções que apoiem as comunidades e protejam o planeta.

Visão: Um mundo no qual todas as necessidades básicas das pessoas (como abrigo, água potável, saneamento, comida e fonte de energia confiável) sejam supridas de forma ambientalmente sustentável e uma empresa que melhore a qualidade do ambiente e as comunidades onde vivemos e trabalhamos.

Valores:

- Aplicamos inovação e tecnologia para melhorar o desempenho da sustentabilidade de produtos, serviços, soluções e operações da Caterpillar.

- Acreditamos que o progresso sustentável se tornou possível por meio do desenvolvimento de sistemas melhores que maximizam os benefícios do ciclo de vida, enquanto também minimizam os custos econômicos, sociais e ambientais de propriedade, conforme refletido em nossos princípios de sustentabilidade.

Exemplo

Facebook

Missão: Dar às pessoas o poder do compartilhamento e fazer o mundo mais aberto e conectado.

Visão: As pessoas usarem o Facebook para se manterem conectadas com seus amigos e familiares. Descobrir o que se passa no mundo e poder expressar suas opiniões.

Exemplo

Agenda Assessoria

Missão: Gerar soluções inovadoras que proporcionem excelentes resultados aos nossos clientes.

Visão: Ser reconhecida nacionalmente como referência em inovação, qualidade e atendimento.

Valores:

- Atingir metas.
- Gerar resultados.
- Ética.
- Inovação.
- Dinamismo.
- Amor ao que faz.

Política da Qualidade:

1. Assegurar o compromisso com a satisfação do cliente e com a eficiência operacional, bem como a qualidade dos seus *softwares* e serviços, além de buscar continuamente excelência e inovação que visem ao crescimento sustentável dos negócios da Agenda Assessoria.

2. Buscar o pioneirismo em tecnologia, desenvolvendo meios eficientes para suportar o cliente de maneira segura e ininterrupta, investindo constantemente em inovações e desenvolvimento de novos *softwares* e serviços.

3. Garantir o empreendimento de ações de caráter sustentável, enfatizando a conduta ética, o bem-estar de seus funcionários, o desenvolvimento social e o respeito ao meio ambiente. Capacitar continuamente os funcionários, entendendo que o crescimento pessoal e profissional, mais a eficácia organizacional, refletem diretamente na qualidade dos produtos da Agenda Assessoria.

1.5 Planejamento estratégico – Conceitos e empregabilidade

No início dos anos 1950, as empresas começaram a se preocupar com um tipo de inquietação para a qual, até então, não davam grande importância. Elas começaram a se perguntar como, o que, quando e quanto deveriam produzir para atender à demanda por seus produtos. A isso se deu o nome de problema estratégico, que basicamente tinha como causa a falta de sintonia entre o que as empresas produziam e o que o mercado estava disposto a consumir. Em resumo, tratava-se de saber antecipadamente onde, como e quando a empresa deveria operar no futuro.

Claro, ainda não era o *modus operandi* como o que temos hoje. Atualmente as empresas preocupam-se em produzir o que o mercado quer consumir, mas aquele já era um começo.

Oliveira (2015, p. 4) destaca a seguinte conceituação sobre planejamento estratégico:

> O planejamento estratégico corresponde ao estabelecimento de um conjunto de providências a serem tomadas pelo executivo para a situação em que o futuro tende a ser diferente do passado; entretanto, a empresa tem condições e meios de agir sobre as variáveis e fatores; de modo que possa exercer alguma influência; o planejamento é ainda um processo contínuo e mental, um exercício mental que é executado pela empresa, independentemente de vontade específica de seus executivos, sendo essa a razão algumas empresas não terem um processo de planejamento estruturado, mas mesmo assim apresentam algumas ações planejadas.

Para Maximiano (2011, p. 8), planejamento estratégico é o processo de definir a estratégia da empresa, seguindo os seguintes passos: "onde estamos agora? ponto de partida, qual o caminho percorrer? Quais as etapas intermediárias? Aonde queremos chegar? Objetivo". E mais detalhadamente explica:

Escolha de uma missão, negócio, dentro de uma área de atuação ou ramo de negócios – especificamente, a escolha de um produto destinado a um mercado ou tipo de cliente. A missão é também chamada proposição de valor – como o nome indica, é a proposta que você faz aos clientes e mercados para que eles se motivem a oferecer dinheiro em troca. Definição de objetivos específicos de desempenho dentro da estratégia como ser o líder de vendas no ramo de negócios, ser a empresa mais lembrada quando os consumidores pensam em adquirir o produto ou serviço.

O plano estratégico, entre inúmeras outras ferramentas, dá origem à análise dos pontos fortes e dos fracos da empresa[2] visando à realização de cada um dos objetivos estabelecidos nesse plano. Os pontos fortes servem de referência para traçar as estratégias de desenvolvimento e a fim de que os objetivos sejam alcançados, com base no que a empresa tem de melhor e que poderá levá-la ao sucesso. Já a análise dos pontos fracos serve para que a empresa trace a estratégia de defesa, procurando minimizar os ataques que, porventura, venha a sofrer por parte da concorrência sobre suas deficiências.

Com o passar do tempo, a compreensão do problema estratégico sofreu mudanças radicais, e as soluções encontradas para equacioná-lo e resolvê-lo foram ficando cada vez mais complexas.

Hoje, com a economia globalizada, o problema estratégico assumiu tamanha magnitude que, a fim de se preparar para enfrentá-lo corretamente, as empresas buscaram outras formas de prever o futuro. É o caso dos métodos de planejamento que usam cenários como forma de criar planos que possam preparar a organização para enfrentar várias situações. Sobre cenários falarei mais adiante.

---

[2] Um dos instrumentos utilizados para esse tipo de análise chama-se SWOT (*Strengths, Weaknesses, Opportunities and Treats*), que em português significa: forças, fraquezas, oportunidades e ameaças. É preciso primeiro listar todos os pontos fortes que a empresa possuir: capital para investir, tecnologia, conhecimento, mercado etc.; com base nesses pontos, levantam-se quais oportunidades devem ser exploradas. Do outro lado, listam-se todos os pontos fracos da empresa: falta de capital para investir, tecnologia obsoleta, alta rotatividade de mão de obra, perda de mercado etc.; da mesma forma, com base nisso, levantam-se e analisam-se as ameaças que pairam sobre a empresa.

O planejamento estratégico deverá responder a questões tais como:

- Quem somos? A resposta deve ser clara e não deixar dúvidas sobre a identidade da organização. Algumas vezes vi exemplos de definição de identidade que não correspondiam à realidade. Algo como definir a organização como fabricante de algum produto, embora ela, na verdade, não o seja.
- O que fazemos? Definir o que produz permite que os clientes saibam sem sombra de dúvidas o que esperar da organização.
- Por que fazemos? A resposta ao "por que fazemos o que fazemos?" permite à organização buscar o futuro planejado estrategicamente porque permite a ela conhecer bem tanto seu passado quanto seu estado atual.
- Onde estamos? A resposta não deve buscar mostrar a localização física da organização, mas sua localização no contexto global. Posição de mercado, percentual de participação, *market share* etc.
- Aonde queremos chegar? Questionamento a ser respondido pela visão. A partir de onde a organização está em termos de produto, mercado etc. e onde pretende chegar. A sentença "pensar globalmente, agir localmente" resume a resposta que a organização deve buscar para "aonde queremos chegar".
- O que valorizamos? A resposta deve estar claramente relacionada a valores nos quais a organização acredita.
- Quem são nossos concorrentes? Os concorrentes hoje podem estar do lado, na mesma rua, cidade e país ou em qualquer lugar no mundo. Conhecê-los é antes de tudo uma questão de sobrevivência.
- Quem são os nossos clientes? Assim como os concorrentes, os clientes podem estar em qualquer lugar. Mais importante do que saber onde estão é saber quem são, em termos de perfil, e o que querem.
- A quais leis estamos submetidos? Lembro-me de um caso emblemático ocorrido há uns vinte anos. Uma grande empresa produtora de papel e celulose fez todas as tratativas para implantar uma fábrica de celulose num município brasileiro, mas esqueceu-se

de consultar a legislação de forma exaustiva; assim, a sociedade não permitiu a instalação da planta com base numa lei antiga que vetava atividades poluidoras no município. O que, aliás, uma fábrica de celulose mais faz!

Mesmo tantos anos após a morte de H. Igor Ansoff,[3] autoridade mundial em planejamento e administração estratégica, o planejamento estratégico ainda hoje está baseado na análise de três aspectos fundamentais: os problemas administrativos oriundos das situações operacionais, os processos que devem solucionar esses problemas administrativos e as variáveis que os envolvem. Assim, o planejamento estratégico teria como preocupação fundamental resolver apenas a parcela externa do problema chamado produção e não levaria em conta um aspecto mais abrangente de administração, justamente por não se preocupar em melhorar os pontos fortes nem minimizar os pontos fracos da empresa.

Toda empresa interage com o ambiente que a cerca por meio de dois tipos de comportamento, que, embora distintos, complementam-se para dar o caráter holístico que toda organização deve ter.

- **O comportamento operacional**, por meio do qual ela procura lucrar, realizando as operações de compra de matérias-primas e venda de seus produtos, aumentando a eficiência dos processos primários e secundários e conquistando mais e mais mercados.
- **O comportamento estratégico**, que busca melhorar ou substituir os produtos produzidos atualmente por outros que lhe deem maior participação de mercado. Isso significa procurar resolver todos os problemas que possam afetar o futuro da empresa por meio de ações cuidadosamente estudadas e criadas com bastante antecedência.

---

[3] Igor Ansoff nasceu na Rússia, em Vladivostok, 1918, e faleceu nos Estados Unidos, em San Diego, 2002. Formou-se na Brown University em Engenharia e Matemática e trabalhou na Rand Corporation e na Lockheed. É conhecido como o pai da gestão estratégica. Ansoff contribuiu com o planejamento quando publicou *Estratégia empresarial* em 1965. Criou o modelo Ansoff de planejamento estratégico, baseado na expansão e diversificação empresariais através de uma sequência de decisões.

Para Herbert Simon,[4] a solução de qualquer problema de decisão, seja de ordem administrativa, científica ou artística, pode ter quatro etapas:

1. **Percepção de oportunidade ou da necessidade de decidir.** É necessário que os responsáveis pela condução dos negócios tenham visão aguçada, fina percepção das oportunidades e entendam que a necessidade de decidir, cada vez mais rapidamente, está no âmago do sucesso ou, caso não o façam com a devida presteza, na base do fracasso da organização.

2. **Formulação das várias ações alternativas.** Existem várias metodologias que facilitam a criação de alternativas para serem avaliadas. Entretanto, mais importante que metodologias é a organização ter consciência dos limites de tais ações, a fim de não perder tempo avaliando alternativas incompatíveis com suas possibilidades de realização.

3. **Avaliação das alternativas quanto aos resultados.** Diretamente ligada ao item 2, a avaliação das alternativas formuladas deve se preocupar fundamentalmente em definir claramente os resultados esperados de cada uma, para que falsas expectativas não coloquem em risco o plano estratégico e, consequentemente, a sobrevivência da organização.

4. **Escolha das alternativas que serão implantadas.** Tendo realizado os três primeiros itens de forma segura, a escolha das alternativas que servirão de base para as operações do dia a dia da organização permitirá uma administração mais preocupada em atingir os objetivos definidos no plano estratégico.

---

[4] Herbert Alexander Simon foi um economista estadunidense. Nasceu nos Estados Unidos, em Milwaukee, 1916, e faleceu em Pittsburgh, 2001.

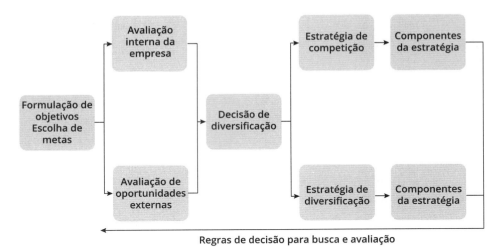

Figura 1.2 Visão esquemática do processo decisório na formulação de estratégias.

1.6 Passos do modelo Ansoff

Para Ansoff, o primeiro passo que a empresa precisa dar para desenvolver um plano estratégico é formular os objetivos que ela pretende atingir. Isso significa planejar como fazer para ir de onde se está para onde se quer chegar. Entretanto, é preciso que essa caminhada seja feita por etapas; daí a escolha das metas, que servirão para medir o progresso rumo aos objetivos. Isso nos leva a entender que objetivos são resultados que a organização espera alcançar no longo prazo, enquanto as metas são resultados que a organização espera alcançar no curto prazo.

Voltando para a Figura 1.2, o próximo passo será avaliar as condições internas da empresa para atingir o que foi colocado como objetivos e metas. Concomitantemente, deve-se avaliar, também, quais as oportunidades que tais condições propiciam à empresa. A próxima etapa é decidir se a empresa deve ou não diversificar, baseando essa decisão nas análises feitas anteriormente. Embora muitas empresas ainda pensem em crescer diversificando, a tendência atual é concentrar os esforços naquilo que cada uma sabe fazer de melhor – é a chamada competência principal. O modelo de Ansoff divide-se em duas direções. A primeira leva a equipe de planejamento a formular uma estratégia de competição, caso a decisão seja a de não diversificar, decompondo-a em ações que permitirão alcançar tais objetivos. A outra, a de diversificação, também deve ser dividida em ações que permitam tal estratégia.

1.7 Michael Porter e as forças que governam as empresas

Existem inúmeras outras abordagens no que tange ao planejamento estratégico.

O professor Michael Porter[5] desenvolveu modelos que alinham estratégia e operação, buscando atingir objetivos previamente traçados, não só em âmbito empresarial, como também de nações. Entre esses modelos, está o das forças que governam a competição entre organizações, composto de cinco elementos, como mostra a Figura 1.3. Para planejar os objetivos que as organizações desejam alcançar, é preciso levantar e analisar cuidadosamente cada um desses elementos.

Os cinco elementos são:

1. **Fornecedores.** É preciso analisar como os fornecedores da organização fazem negócio com ela. São eles cartelizados? São monopolistas? Têm força por estarem agrupados ou são poderosos, simplesmente, por deterem a exclusividade de alguma matéria-prima, equipamento ou conhecimento? Como a organização deve relacionar-se com cada um de seus fornecedores? Como a organização deve controlá-los por meio dos sistemas de informações gerenciais?

---

[5] Michael Eugene Porter nasceu em Ann Arbor, Michigan, EUA, em 1947. É professor da Harvard Business School, com foco nas áreas de Administração e Economia, e autor de diversos livros sobre estratégias de competitividade.

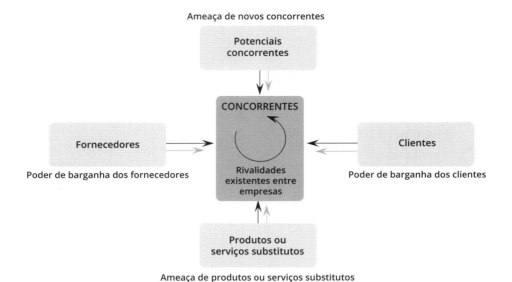

Figura 1.3 Forças que governam a competição entre organizações.

2. **Produtos ou serviços substitutos.** Existem produtos ou serviços que podem substituir os que a organização produz? São melhores ou piores? Têm mais valor agregado ou são simplesmente cópias melhoradas dos próprios produtos?
3. **Potenciais concorrentes.** Assim como podem existir produtos ou serviços que venham a concorrer diretamente com aqueles que a organização produz, podem existir organizações que estejam se preparando para concorrer no mesmo segmento de negócio. É preciso conhecê-los de antemão para, se possível, enfrentá-los.
4. **Clientes.** Quem são os clientes? Quais as faixas de renda que mais consomem os produtos ou serviços da organização? Quais as leis que regem as relações entre organizações e clientes? O poder de compra dos clientes é mais fortemente sentido quando pressiona organizações concorrentes para reduzirem seus preços, por meio da redução de suas margens de lucro ou do aumento do valor agregado sem aumento de preço.
5. **Concorrentes.** A concorrência direta deve ser conhecida de forma tão radical que eu diria igual ou melhor que a própria

organização. Com base nesse conhecimento, é possível estabelecer *benchmarkings*[6] que ajudem a aumentar o grau de eficiência dos processos de negócio e a qualidade do produto.

Porter resumiu com maestria todo o conjunto de elementos que devem participar das nossas preocupações ao fazermos um planejamento estratégico.

Em resumo, as preocupações do planejamento estratégico estão listadas a seguir em dez etapas.

Saiba mais

Matriz Ansoff

Na visão de Igor Ansoff, toda organização precisa romper com seu passado, sair de um estado de acomodação, romper com as tradições para poder encontrar novos caminhos de crescimento sustentável.

Isso leva a organização a procurar novos perfis profissionais, novas técnicas, novos fornecedores, novas matérias-primas e novas tecnologias para criar e operacionalizar uma organização com cultura de inovação.

A figura a seguir mostra a Matriz de Ansoff dentro do contexto de criação e implantação de um modelo de negócios.

		Produtos	
		Existentes	Novos
Mercados	**Existentes**	Penetração de Mercado	Desenvolvimento de Produtos
	Novos	Desenvolvimento de Mercado	Diversificação

---

[6] *Benchmarkings*, do inglês, significa padrões de referência. São pontos de comparação que as empresas estabelecem com concorrentes ou semelhantes, buscando ser melhores que as empresas que serviram de modelo e evitando incorrerem nos mesmos erros.

1.8 Etapas para o planejamento estratégico

1. **Definição da visão, da missão e dos valores da organização.** Nesta etapa, deve ser criada uma identidade para a empresa, se ela ainda não a tiver. Mesmo que haja essa identidade, é bom revisá-la. Serão definidas uma visão, uma missão e uma política da qualidade. Isso permitirá desenvolver, no futuro, as melhorias nos processos de negócio. Uma empresa tem que saber o que quer ser e para onde quer ir. Veja, por exemplo, que no desenvolvimento de um sistema de gestão empresarial é importante saber se uma empresa quer escoar sua produção por meio de canais de vendas diretos ou indiretos. Sem a definição estratégica, pode-se gastar tempo e dinheiro, desenvolvendo, por exemplo, controles para canais de vendas indiretos quando, na verdade, a empresa, o dono, os acionistas ou seu corpo diretivo já estão pensando em realinhar suas vendas para a empresa vir a ter somente canais diretos. Outra importante definição é a da essência, da natureza da empresa, pois isso orienta todas as ações e consequentemente os sistemas de informações que vierem a ser desenvolvidos.

2. **Análise SWOT.** SWOT é um acrônimo de Forças (*Strengths*) – no português chamamos também de Pontos Positivos, Fraquezas (*Weaknesses*) – Pontos Negativos, Oportunidades (*Opportunities*) e Ameaças (*Threats*). Por meio dessa ferramenta serão analisados os pontos fortes e os fracos da empresa. A partir daí, serão montados dois planos. O primeiro, o de oportunidades, para aproveitar seus pontos fortes, e o segundo, o de ameaças, para reverter suas fraquezas ou prepará-la para conviver com elas o tempo que for necessário.

3. **Análise de clientes e mercados.** É necessário analisar os clientes atuais e os potenciais. Em quais mercados a empresa atua ou tenha pretensão de vir a atuar. Curvas de demanda, custos e preços. Existem várias ferramentas para que esse tipo de análise seja feito. Podemos começar pela do BCG, Boston Consulting Group.

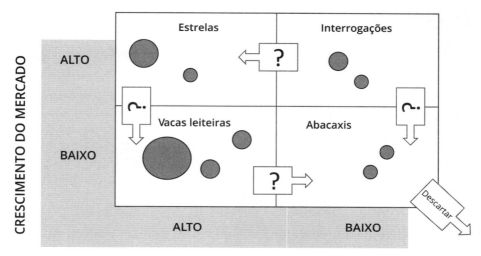

Figura 1.4 Matrix BCG.

Na matriz do Boston Consulting Group, BCG, os quatro quadrantes significam:

a. **Baixo-Baixo.** O mercado não cresce e o produto estagnou. O produto tem baixa participação no mercado e o seu crescimento parou. Às vezes há apenas um crescimento vegetativo. A literatura chama esses produtos de "abacaxis". São produtos que estagnaram nos seus segmentos de mercado e, pior, podem começar a dar prejuízo caso a empresa decida mantê-los em seu portfólio. A orientação é o descarte de tais produtos.

b. **Baixo-Alto.** O mercado cresce, mas o produto não consegue ter boas vendas nem aumentar sua participação nele. Os produtos, também chamados em inglês de *question marks* (interrogações), ainda não "decolaram" nas vendas, mas podem vir a fazê-lo. O desafio é saber a hora de parar de investir em tais produtos e/ou descartá-los. Muitas vezes, por diversos motivos, a organização continua apostando em produtos que não se viabilizaram, o que é um erro, pois continuar investindo em algo que já não se realizou como produto tende a aprofundar o prejuízo.

c. **Alto-Baixo.** O mercado não cresce como antes, mas o produto tem excelente participação, embora essa mesma participação não cresça. São as chamadas "vacas leiteiras": numa excelente analogia, continuam dando muito leite, lucro, com pouco gasto na sua manutenção e por isso devem ser mantidos na grade de produtos da empresa.

d. **Alto-Alto.** Para as empresas, tudo o que todo produto deveria ser! Mercado em crescimento, muitas vezes acelerado, e produto também aumentando rapidamente sua participação em seu segmento, e muito, junto ao consumidor.

4. **Análise da concorrência.** Nesta etapa, deve-se analisar os principais concorrentes, poder econômico dos mesmos, produtos, estratégias (se for de conhecimento público) e criar planos de convivência, ataque ou defesa a fim de permitir à organização manter-se preparada para tais investidas e lucrativa.

5. **Definição da declaração (*statement*) estratégica.** A definição do *statement* estratégico pode ser traduzida como a criação dos objetivos estratégicos para os próximos três, cinco anos, com a necessidade de revisá-los a cada doze meses, ou sempre que surgirem fatos novos e/ou relevantes que nos obriguem a tal revisão.

6. **Criação do plano de três anos.** Nesta etapa, deve-se desenvolver o plano para atingir os objetivos estratégicos estabelecidos anteriormente. Também será necessário revisá-lo nos primeiros seis meses e a cada ano a partir de então.

7. **Desdobramento do plano estratégico.** Depois que o plano estratégico for criado, é necessário que se faça seu detalhamento a fim de alinhá-lo à realidade financeira da empresa na etapa seguinte.

8. **Análise financeira para adequação do plano estratégico.** Com base no plano estratégico detalhado, será analisada a viabilidade econômico-financeira para que se possa colocá-lo em execução.

9. **Alinhar o plano estratégico ao plano operacional – Hoshin.** Nesta fase, faremos o desdobramento do plano estratégico em plano operacional usando a Metodologia DOMP™, baseada na

metodologia Hoshin Kanri. Esse subconjunto da DOMP permitirá gerenciar a empresa com base nos objetivos estratégicos traçados para ela. Essa metodologia é empregada por empresas no Japão, EUA e Brasil com muito sucesso. Mais adiante há mais sobre o subconjunto da Metodologia DOMP™ para fazer Hoshin.

10. **Roteiro para a implantação dos planos estratégico e operacional.** Criação do roteiro e cronograma de implantação do plano operacional. Isso deve obrigatoriamente incluir mapeamento, análise, modelagem, implantação e gerenciamento de processos de negócio.

Todos os dez passos necessitam ser feitos por qualquer tipo e tamanho de organização. Ocorre que se fazer o planejamento estratégico já é difícil para organizações grandes, por ser algo caro e demorado, para as pequenas e médias é algo quase impossível de ser feito; mas com um pouco de paciência e boa vontade por parte dos responsáveis é possível realizar-se, se não todos os dez passos, pelo menos os mais importantes.

1.9 Princípios de Administração Estratégica

Independentemente da teoria ou do modelo de planejamento estratégico adotado para o exercício da administração estratégica, existem alguns princípios que são válidos para todo e qualquer tipo de organização. A eles damos o nome de Princípios de Administração Estratégica, a qual:

1. Envolve o gerenciamento da estratégia de mercado e da organização e do relacionamento entre os dois.
2. Tem como preocupação principal o gerenciamento da interface entre a organização e o ambiente que a cerca.
3. Envolve antecipar, adaptar e criar mudanças tanto no ambiente como na organização.
4. É governada pela busca, incansável, das oportunidades de negócios.
5. Reconhece que as oportunidades surgem no ambiente externo ou podem ser geradas no seio da organização e que em ambos os casos se realizam no mercado consumidor.

6. Necessita que os riscos sejam assumidos, que a organização concorde em perseguir oportunidades antes que elas se materializem por completo.

7. É, muito mais, a forma como a organização deve inventar ou criar o futuro do que como ela deve adaptar-se a ele.

8. É um trabalho da organização e não pode ser delegado a um grupo somente.

9. Necessita da integração dos horizontes de longo e de curto prazo, o que quer dizer que o futuro influencia a tomada de decisão atual e faz que essa mesma tomada de decisão leve a empresa a alcançar seus objetivos.

1.10 Aprendendo com cenários

As mais recentes técnicas de planejamento estratégico, na verdade, foram criadas há quase cinquenta anos. Construção de cenários, como técnica e metodologia, é atribuída a um cientista de nome Herman Kahn,[7] que trabalhou para algumas das principais organizações que usavam esse tipo de método para prever o futuro. Kahn,[8] um gênio com 190 de Quociente de Inteligência (QI), primeiro utilizou cenários para fins de planejamento militar a serviço da Rand Corporation. Em fins da década de 1960, fundou o Instituto Hudson, que tinha como objetivo prever o futuro para inúmeras empresas e para o governo dos Estados Unidos e de nações que não estivessem sob a influência da extinta União Soviética.

O sr. Kahn gostava de definir o trabalho de prever o futuro com base em cenários como o exercício de "Pensar o Impensável".

---

[7] Herman Kahn nasceu em Bayonne, Estados Unidos, em 15 de fevereiro de 1922, e faleceu em Chappaqua, Estados Unidos, em 7 de julho de 1983. Foi um estrategista militar e teórico da Corporação RAND que ficou conhecido por suas análises sobre as prováveis consequências de uma guerra nuclear.

[8] Herman Khan chegou a vir ao Brasil, no fim da década de 1960, e em sua passagem por São Paulo, sobrevoando a cidade a bordo de um helicóptero, mas dormiu, causando frustração geral na imprensa que o esperava no solo para saber de suas impressões sobre a megalópole.

1.11 Componentes de um cenário

Os cenários devem ser construídos com base em uma metodologia específica, a fim de que vários deles possam ser analisados sob as mesmas condições. Uma metodologia de construção de cenários define que os mesmos devem ter os seguintes elementos:

- **Forças influenciadoras.** As forças influenciadoras são elementos que têm primordial importância na construção de cenários, pois são eles que delinearão a forma e o desenrolar da história descrita num plano. As forças influenciadoras podem ser divididas em dois grandes grupos:
  a) forças ambientais;
  b) forças institucionais.

  Todo cenário deve incluir forças influenciadoras, como econômicas, sociais, culturais, ecológicas e tecnológicas, por meio de seus eventos, tendências e desenvolvimento. Deve, também, incluir, como forças institucionais diferentes tipos de negócios, organizações, órgãos políticos, agências governamentais, assim como organismos internacionais que tenham influência sobre os cenários.

- **Lógica.** As lógicas dos cenários são os elementos racionais que vão suportar o caso estudado. Na prática, a lógica é explorar exaustivamente cada "por quê?" à medida que a história se desenrola, de modo que surgem questões como "o que queremos" e "como queremos" dentro do cenário.

  A lógica permite explicar por que determinados eventos acontecem, por que as forças influenciadoras se comportam desta ou daquela forma e por que os jogadores que porventura venham a ter participação no plano podem assumir este ou aquele papel.

- **História.** A trama construída por meio dos elementos de um cenário liga o presente ao futuro, isto é: a história de um cenário é o elo que liga o momento atual ao estado final do cenário. Quanto mais elementos forem incluídos na trama, mais precisa será a história, embora se torne mais difícil de ser dirigida.

- **Estado final.** A fim de fazer que os cenários sejam específicos e únicos, eles devem descrever um final particular, não ambíguo, que possibilite, a quem for planejar com base nessa técnica, segurança para tomar decisões.

"O que acontecerá se...?"

Essa é a pergunta-chave que deve ser feita para que a cena final de uma história construída com base em cenários possa ser criada. Entretanto, devemos ter o cuidado de não cair em duas armadilhas, muito comuns, quando construímos uma cena final:

1. A primeira armadilha é querer interpretar a descrição de uma cena final como previsão. Não é. Ela é apenas uma projeção especulativa baseada em alguns pontos que foram assumidos como passíveis de acontecer.
2. É mais importante definir claramente a dinâmica que levará ao futuro do que querer que esse futuro tenha 100% de precisão ou acurácia (ambas devem ser tratadas com extremo cuidado) na cena final.

1.12 Etapas da construção de cenários

1. Entender profunda e corretamente o presente e o passado da organização para poder juntar elementos necessários à criação dos cenários futuros.
2. Descrever grande variedade de potenciais futuros a fim de ter cenários alternativos suficientes para a tomada de decisão.
3. Delinear como esses futuros devem evoluir.
4. Criar indicadores de progresso do plano construído com base nos cenários.

5. Ligar os cenários a decisões específicas, a fim de que as soluções encontradas possam ser implantadas.

6. Criar um elo entre o que foi aprendido e os procedimentos organizacionais que irão implantar os planos desenvolvidos durante a análise dos cenários.

Saiba mais

Reputação

"Cenários são como sondas para o futuro. Seu valor está em sensibilizar os executivos para possibilidades que eles dificilmente perceberiam de outra forma. Cenários reduzem as chances de surpresas indesejáveis e capacitam os executivos a tomar melhores decisões, em melhor *timing*."

Oscar Motomura[9]

Nesse ponto, encontramos o elo entre o planejamento estratégico e o plano que vai tornar possível operacionalizar os passos necessários para a organização atingir os objetivos.

Uma das metodologias mais eficazes que conheço para planejamento estratégico chama-se Hoshin e foi desenvolvida, justamente, para que o elo entre o plano operacional e o plano estratégico não se perdesse quando do desdobramento do primeiro (o estratégico) em ações a serem realizadas pelo segundo (o operacional).

1.13 Hoshin Kanri[10]

Existe uma metodologia, desenvolvida no Japão, chamada Hoshin Kanri,[11] que tem a rara felicidade de alinhar as ações praticadas por

---

[9] Fonte: <http://www.strategia.com.br/estrategia/estrategia_corpo_capitulos_cenarios.htm>. Acesso em: 21 abr. 2017.

[10] Hoshin Kanri derivou-se da metodologia TQC, *Total Quality Control*. Hoshin Kanri é um sistema de gestão nascido no Japão por volta de 1960 nas empresas Komatsu, Toyota e Sumitomo. No Brasil esse método ficou conhecido como Gerenciamento por Diretrizes.

[11] O termo *Hoshin Kanri* foi introduzido pela primeira vez em 1964 pela Bridgestone Tires, Japão. Ho significa direção, Shin significa agulha. Hoshin é um caminho, um objetivo. Kan

qualquer organização no dia a dia a seus objetivos estratégicos. Em outras palavras, o método possibilita gerenciar qualquer organização por seus objetivos. Essa faculdade, além de inibir desvios operacionais, tem a excepcional característica de manter todos os funcionários focados no que realmente interessa para que os objetivos sejam atingidos.

O método Hoshin Kanri faz que todo e qualquer planejamento estratégico possa ser executado por meio do desmembramento dos objetivos estabelecidos nesse planejamento em ações que serão concretizadas nas operações diárias da organização. A cada ação é atribuído um dono, um prazo, uma medida de desempenho e assim por diante. É dessa forma que se torna possível assegurar o cumprimento do plano estratégico.

O método conhecido simplesmente por Hoshin é composto de dez etapas:

1ª etapa: Estabelecer um lema, uma política da qualidade e um plano de carreira.

2ª etapa: Planejar as estratégias de gerenciamento de médio e longo prazos.

3ª etapa: Coletar e analisar informações sobre a situação atual da organização.

4ª etapa: Planejar as metas e os meios para alcançá-las.

5ª etapa: Estabelecer e preparar uma lista com todos os itens de controle.

6ª etapa: Desmembrar o plano de metas por departamentos e atividades.

7ª etapa: Desmembrar os itens de controle por departamentos e atividades.

8ª etapa: Implantar o plano.

9ª etapa: Checar os resultados da implantação do plano.

10ª etapa: Preparar relatórios de progresso do plano.

---

significa controle, Ri é lógica, razão, princípio. Kanri, administração, gestão. Hoshin Kanri, administração e controle com foco na gestão de objetivos.

As etapas 6 e 7 são o elo do plano estratégico com o plano tático, uma vez que atribui a cada um que esteja participando das operações da empresa sua parcela de responsabilidade com o todo.

Outra prática que o Hoshin nos ensina é a da conversão do que é estratégico em operacional, tornando-se estratégico novamente para a cabeça do departamento para, em seguida, tornar-se de novo em operacional à medida que o plano vai sendo desmembrado pelas camadas inferiores da organização.

Exemplificando, o que é operacional para meu chefe é estratégico para o chefe dele. O que é estratégico para meu chefe é operacional para mim e o que é estratégico para mim é operacional para os funcionários pelos quais sou responsável.

Todo o plano Hoshin pode ser feito com apenas quatro tipos de formulários.

1º tipo RPH – Resumo do Plano Hoshin. Ele é usado para apresentar um resumo de todo o plano.

2º tipo PAH – Plano de Ações Hoshin. Esse formulário é usado para desmembrar o plano completo do formulário RPH em informações detalhadas.

3º tipo PIH – Plano de Implantação do Hoshin. Ele é usado não só para registrar as atividades que devem ser executadas dentro do plano, como também para mostrar o progresso na execução das estratégias.

4º tipo RIH – Revisão da Implantação do Hoshin. Serve, como o próprio nome diz, para revisar periodicamente o plano a fim de que se possa ter certeza se estamos ou não atingindo as metas estabelecidas no início.

Os quatro formulários estão nas páginas adiante.

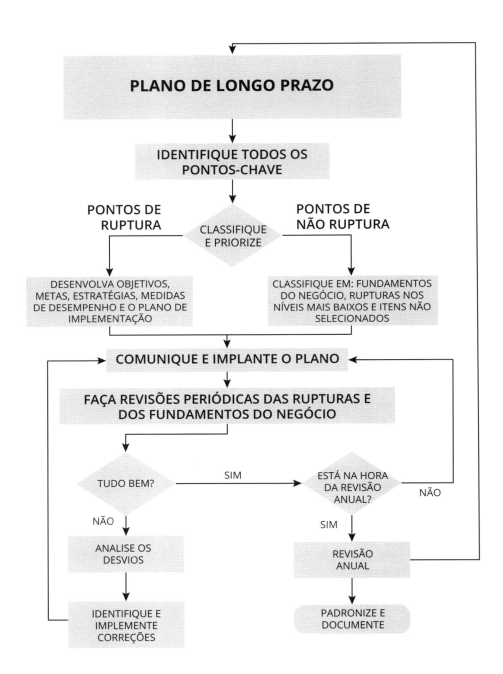

PREPARADO POR:	DATA:	ANO FISCAL:	DEPARTAMENTO:

SITUAÇÃO:

OBJETIVO:

ESTRATÉGIA:	(OWNER)	MEDIDA DE DESEMPENHO:

METAS

Curto Prazo:

Longo Prazo:

PLANEJAMENTO ANUAL HOSHIN

PREPARADO POR:	DATA:	ANO FISCAL:	DEPARTAMENTO:

P L A N E J A M E N T O   D E   I M P L A N T A Ç Ã O   H O S H I N

Nº	ESTRATÉGIA	ITEM A IMPLEMENTAR	RESP.	01			02			03			04			OBS.
				JAN.	FEV.	MAR.	ABR.	MAIO	JUN.	JUL.	AGO.	SET.	OUT.	NOV.	DEZ.	

RESUMO DO PLANO HOSHIN

Objetivos Principais	Dono do Objetivo	METAS		Estratégia de Implementação	ALVO		MELHORIAS			
		Curto Prazo	Longo Prazo		Curto Prazo	Longo Prazo	Qualid.	Custo	Tempo	Segurança

Objetivo HOSHIN:

Número da Estratégia:

Dono da Estratégia:

Data da Atualização:

Data da Próxima Revisão:

IMPLANTAÇÃO (*status*)

Prioridade	Ação	Dono	Data

DESEMPENHO (*status*)

Legendas

REVISÃO DE IMPLANTAÇÃO HOSHIN

Os planos estratégicos dão origem aos objetivos, que são resultados que esperamos obter em longo prazo, pois é por meio deles que a estratégia planejada para a organização será executada. Entretanto, nossas ações precisam ser em curto prazo, pois vivemos, cada vez mais, a curtíssimo prazo, dia após dia, por isso os objetivos dão origem às metas, que são resultados que esperamos obter em curto prazo.

Metas estão intimamente ligadas ao plano tático, ao operacional e consequentemente aos processos de negócio e às atividades contidas nos mesmos.

Por princípio, toda atividade deve ter pelo menos uma meta atribuída, pela qual nós vamos poder aferir seu desempenho e consequentemente o desempenho do funcionário ou funcionários responsáveis pela atividade ao longo de um período.

Embora vivamos num sistema econômico chamado capitalismo, que muitos adjetivam de selvagem, é preciso existir diretrizes para que as metas sejam cumpridas. Ou diferentemente do que nos ensinou Maquiavel, "os fins não justificam os meios".

As diretrizes podem ser políticas, normas, leis, regras de negócio, orientações em geral etc. Com base nas diretrizes podemos criar os planos operacionais de onde surgem os processos de negócio.

Este modelo estrutural baseia-se no que eu aprendi e pratiquei durante algum tempo em algumas multinacionais onde trabalhei.

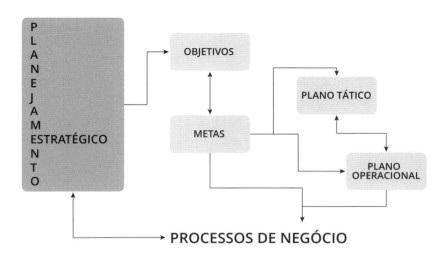

Figura 1.5 Planejamento estratégico e processos de negócio.

A Figura 1.5 tem por princípio o planejamento estratégico. Dele são extraídos os objetivos, resultados que a organização espera alcançar em longo prazo. Dos objetivos às metas, resultados que a organização espera alcançar em curto prazo e que servirão para orientar a criação de três importantes elementos organizacionais: o plano tático, o plano operacional e os processos de negócio. Outra preocupação importante é quanto aos processos estarem ou não ligados ao planejamento estratégico.

Note que as ligações são de mão e contramão, permitindo assim que se desenvolvam constantemente reavaliações ao longo do período de validade dos planos estratégico e operacional.

Conclusão

Vimos neste capítulo uma breve introdução sobre planejamento estratégico e como a evolução do pensamento empresarial fez que tal planejamento fosse alçado à condição de imprescindível para o futuro de toda e qualquer organização.

Vários são os métodos para planejar estrategicamente, assim como várias são as metodologias que nos auxiliam na tarefa.

Ansoff, Porter e Khan são alguns nomes importantes em planejamento estratégico. Assim como a metodologia Hoshin Kanri, que veremos em detalhes no Capítulo 2.

Não esquecer que, para a criação do Plano Estratégico, a participação ativa e comprometida da alta direção da organização é fundamental. Sem que os executivos se conscientizem da importância que a contribuição de cada um tem para o sucesso do planejamento estratégico, não será possível criar e operacionalizar tais planos.

Questões para debate

1. Por que cenários são importantes para o planejamento estratégico?

2. Quais são os principais elementos para a construção de cenários?

3. Quanto à natureza dos cenários eles podem ser de três tipos. Explique cada um destes tipos.

   a. Pessimista.
   b. Realista.
   c. Otimista.

4. Pense em termos pessoais construindo um exemplo de cada tipo de cenário para sua vida. O exemplo pode ser profissional ou pessoal.

5. Discuta com seus colegas ou reflita consigo mesmo por que o ser humano necessita planejar seu futuro.

2

PLANEJAMENTO ESTRATÉGICO

Objetivos de aprendizagem

- Aprender a prática do planejamento estratégico.
- Aprender os passos para a realização do planejamento estratégico.
    - Objetivo e Estratégias.
    - Atividades e Orçamento.
    - Plano de Implantação.
- Aprender sobre análise SWOT.
- Aprender quais devem ser as perguntas para a construção do planejamento estratégico.

Temas

- A prática do planejamento estratégico.
  Como iniciar um planejamento estratégico a partir de algumas perguntas cujas respostas são cruciais para o PE.

- Os passos do planejamento estratégico.
  Como preencher os cinco formulários que sustentarão a construção do planejamento estratégico.

- A Metodologia DOMP™.
  Como fazer o planejamento estratégico chegar até o planejamento operacional

a fim de que toda a organização seja gerenciada por meio dos seus objetivos usando a Metodologia DOMP™.

- Análise SWOT.
  Como analisar as implicações e consequências que pontos fortes e pontos fracos trazem para a estratégia da organização.

2.1 Hoshin e a Metodologia DOMP™

Primeiro, para me auxiliar nas consultorias e também nos cursos e aulas, desenvolvi um conjunto de formulários bem objetivos para aplicar os princípios da metodologia Hoshin Kanri.

Preocupava-me (e ainda me preocupa) ver as pessoas realizarem qualquer trabalho, como o de fazer um plano estratégico, sem um suporte metodológico eficiente. Anotar os dados em folhas de caderno sem qualquer estrutura lógica e que permita a toda a equipe falar a mesma linguagem e entender os mesmos dados para chegarem aos mesmos resultados é, a meu entender, contraproducente.

As empresas que utilizam o método adaptam-no às suas necessidades. Na Metodologia DOMP™ o conjunto Hoshin Kanri é composto por cinco formulários e leva em consideração alguns aspectos ausentes no conjunto original, mas que ao longo dos anos de prática mostraram-me ser muito úteis.

Saiba mais

"Já o Planejamento Estratégico seria o processo de elaboração da estratégia, na qual se definiria a relação entre a organização e o ambiente interno e externo, bem como os objetivos organizacionais, com a definição de estratégias alternativas."

Antonio Cesar Amaru Maximiano[1]

---

[1] <https://administracaoshow.wordpress.com/2011/08/25/planejamento-estrategico-empresarial-e-gestao-estrategica-de-marketing/>. Acesso em: 21 abr. 2017.

2.2 Três etapas do planejamento estratégico

Os passos para a realização do planejamento estratégico pela Metodologia DOMP™ são os seguintes:

1. Planejamento estratégico.
2. Análise SWOT.
3. Análise fatores críticos de sucesso.

2.3 Planejamento estratégico

O planejamento estratégico inicia-se com a alta direção da organização buscando responder às seguintes perguntas:

- Quem somos nós?
- O que nós fazemos?
- Por que fazemos?
- Onde estamos?
- Onde queremos chegar?
- O que poderíamos vir a fazer?
- O que valorizamos?
- Quem são nossos concorrentes?
- Quem são os nossos clientes?
- Quem são os nossos potenciais clientes?
- A quais leis estamos submetidos?

Com base nas respostas podemos começar a fazer o planejamento estratégico, que terá a seguinte sequência de atividades com seus respectivos formulários na ordem em que devem ser preenchidos. Ressalvando que o Resumo Geral deve ser preenchido após o Plano de Ação – Atividade / Processo / Subprocesso / Rotina.

0. Planejamento Estratégico – Resumo Geral.
1. Planejamento Estratégico – Objetivo & Estratégias – Plano de Ação.
2. Planejamento Estratégico – Atividades & Orçamento.
3. Planejamento Estratégico – Plano de Implantação.
4. Planejamento Estratégico – Plano de Ação – Atividade / Processo / Subprocesso / Rotina.

Reproduzo a seguir os formulários e as explicações sobre seus campos.

2.4 Planejamento estratégico – Resumo Geral

Esse formulário costuma ser bastante extenso, pois reúne em um único lugar as informações mais importantes de todos os demais formulários preenchidos durante o desenvolvimento do planejamento estratégico. E, também importante, retrata se as metas foram ou não atingidas e o quanto foram atingidas.

2.4.1 Objetivos do formulário

O objetivo desse formulário é o de apresentar um resumo geral do planejamento estratégico da organização.

Planejamento Estratégico Resumo Geral				Metodologia DOMP™ Id. Planejamento Estratégico Resumo Geral V11				(1)	
DATA ORIGINAL (2)		DATA MODIFICAÇÃO (3)		DATA PRÓXIMA REVISÃO (4)		Página 1 de 1 (5)		(6)	

Objetivo(s)	Responsáveis	Estratégia(s)	Indicadores de Desempenho	Metas							
				2011		2012		2013		2014	2020
				P	A	P	A	P	A	P	P
Objetivo 1 (7)	(8)	(9)	(10)	(11)	(12)						

Analista responsável: (13)	Gerente do projeto: (16)
Assinatura: (14)	Assinatura: (17)
Data: (15)	Data: (18)
Observações: (19)	

Responsável Geral: (20)	Coordenador: (23)	Código do Documento: (26)
Assinatura: (21)	Assinatura: (24)	
Data: (22)	Data: (25)	

Fonte: TRCR Knowledge, 2012.

Formulário Planejamento Estratégico – Resumo Geral.

2.4.2 Campos do formulário

(1) Logo da organização. Colocar aqui o logotipo da organização à qual pertença o projeto.

(2) Data original. Este campo deverá ser preenchido com a data do primeiro preenchimento do formulário. Em nenhuma hipótese essa data deve ser atualizada.

(3) Data modificação. Este campo será preenchido automaticamente com a data em que o formulário for aberto no Word ou sistema, independentemente de o formulário ser ou não modificado.

(4) Data próxima revisão.

(5) Página. Este campo será preenchido automaticamente pelo Word ou sistema com o número de página do formulário, sempre com a notação 1/n.

(6) Logo da Metodologia DOMP™. Este campo não deve ser modificado. Deve conter sempre o logotipo da Metodologia DOMP™, que é marca registrada.

(7) Objetivo(s). Resultado que a organização espera alcançar a longo prazo.

(8) Responsáveis.

(9) Estratégia(s). Ações planejadas, mas ainda não detalhadas, para permitir à organização alcançar seus objetivos.

(10) Indicadores de desempenho.

(11 e 12) Metas. É o instrumento de medição de cada objetivo. Por meio das metas a organização afere o cumprimento dos mesmos.

(11) P (Metas planejadas).

(12) A (Metas atingidas).

(13) Analista responsável. O nome do analista responsável pela reunião.

(14) Assinatura. Assinatura do analista responsável pela reunião.

(15) Data.

(16) Gerente do projeto. O nome do gerente responsável pelo projeto.

(17) Assinatura. Assinatura do gerente do projeto.

(18) Data.

(19) Observações. Qualquer observação relevante que não tenha se encaixado nos assuntos ou tarefas discutidas na reunião.

(20) Responsável geral.

(21) Assinatura.

(22) Data.

(23) Coordenador.

(24) Assinatura.

(25) Data.

(26) Código do Documento.

2.5 Planejamento estratégico – Objetivo & Estratégia(s) – Plano de Ação(ões)

Neste formulário a mais importante informação é o objetivo. É a partir de cada um que serão feitos os desdobramentos visando chegarmos aos processos de negócio aos quais cada objetivo está direta ou indiretamente ligado e vice-versa.

O planejamento estratégico pode dar origem a tantos objetivos quantos forem necessários para que a organização cresça e lucre. Teoricamente a quantidade de objetivos pode variar de um a "n".

2.5.1 Objetivos do formulário

O objetivo deste formulário é o de desdobrar cada objetivo criado no planejamento estratégico em indicadores de desempenho, os quais iremos aferir se estão ou não sendo alcançados. Para tanto, o formulário traz também as metas numéricas anuais, planejadas e alcançadas, e os pontos de controle, nos quais as metas serão checadas.

Objetivo (1)	Metodologia DOMP™ Id. Planejamento Estratégico Objetivo & Estratégia(s) Plano de Ação(ões) V11	(2)

DATA ORIGINAL (3)	DATA MODIFICAÇÃO (4)	DATA PRÓXIMA REVISÃO (5)	Página 1 de 2 (6)	(7)

Estratégia(s)	Indicadores de Desempenho	Metas (ano)		Pontos de Controle
		P	A	
(8)	(9)	(10)	(11)	(12)

Analista responsável: (13)	Gerente do projeto: (16)
Assinatura (14)	Assinatura (17)
Data: (15)	Data: (18)
Observações: (19)	

Responsável Geral: (20)	Coordenador: (23)	Código do Documento: (26)
Assinatura: (21)	Assinatura: (24)	
Data: (22)	Data: (25)	

Fonte: TRCR Knowledge, 2012.

Formulário Planejamento Estratégico – Objetivo & Estratégia(s) – Plano de Ação(ões).

2.5.2 Campos do formulário

(1) Objetivo. A principal informação, pois é a partir de cada objetivo que os desdobramentos serão feitos. Objetivo é o resultado que a organização espera alcançar em longo prazo. Deve ser preenchido um formulário para cada objetivo separadamente.

(2) Logo da organização. Colocar aqui o logotipo da organização à qual pertença o projeto.

(3) Data original. Este campo deverá ser preenchido com a data do primeiro preenchimento do formulário. Em nenhuma hipótese esta data deve ser atualizada.

(4) Data modificação. Este campo será preenchido automaticamente com a data em que o formulário for aberto no Word ou sistema, independentemente de o formulário ser ou não modificado.

(5) Data próxima revisão.

(6) Página. Este campo será preenchido automaticamente pelo Word ou sistema com o número de página do formulário, sempre com a notação 1/n.

(7) Logo da Metodologia DOMP™. Este campo não deve ser modificado. Deve conter sempre o logotipo da Metodologia DOMP™, que é marca registrada.

(8) Estratégia(s). Pode existir um objetivo com uma única estratégia, mas é mais comum que existam duas ou mais estratégias para cada objetivo. Estratégias são ações planejadas, mas ainda não detalhadas, para permitir à organização alcançar seus objetivos. Listar cada uma das estratégias ligada ao objetivo.

(9) Indicadores de desempenho. Um ou quantos forem necessários para aferir cada estratégia.

(10) P (Metas planejadas).

(11 e 12) Metas. É o instrumento de medição de cada objetivo. Por meio das metas a organização afere o cumprimento dos mesmos.

(11) A (Metas atingidas).

(12) Pontos de controle.

(13) Analista responsável. O nome do analista responsável pela reunião.

(14) Assinatura. Assinatura do analista responsável pela reunião.

(15) Data.

(16) Gerente do projeto. O nome do gerente responsável pelo projeto.

(17) Assinatura. Assinatura do gerente do projeto.

(18) Data.

(19) Observações. Qualquer observação relevante que não tenha se encaixado nos assuntos ou tarefas discutidas na reunião.

(20) Responsável geral.

(21) Assinatura.

(22) Data.

(23) Coordenador.

(24) Assinatura.

(25) Data.

(26) Código do documento.

2.6 Planejamento Estratégico – Atividades & Orçamento

Para cada estratégia devem ser criadas tantas ações quantas forem necessárias para que ela seja executada e consequentemente contribua para a realização do objetivo. Neste ponto temos que definir também o orçamento para que cada ação possa ser executada.

2.6.1 Objetivos do formulário

Criar as atividades que deverão ser executadas para que a estratégia seja atingida. Definir os orçamentos e as revisões de acompanhamento da realização dos orçamentos e consequentemente da atividade.

Objetivo (1)		Estratégia (2)				Metodologia DOMP™ Id. Planejamento Estratégico - Atividades & Orçamento V11					(3)		
DATA ORIGINAL (4)		DATA MODIFICAÇÃO (5)				DATA PRÓXIMA REVISÃO (6)			Página 1 de 1 (7)				
											(8)		

Atividades Sugeridas	Orçamento (R$ mil)	Realizado											
		Jan	Fev	Mar	Abr	Maio	Jun	Jul	Ago	Set	Out	Nov	Dez
(9)	(10)	(11)											

Analista responsável: (12)	Gerente do projeto: (15)
Assinatura: (13)	Assinatura: (16)
Data: (14)	Data: (17)
Observações: (18)	

Responsável Geral: (19)	Coordenador: (22)	Código do Documento: (25)
Assinatura: (20)	Assinatura: (23)	
Data: (21)	Data: (24)	

Fonte: TRCR Knowledge, 2012.

Formulário Planejamento Estratégico – Atividades & Orçamento.

2.6.2 Campos do formulário

(1) Objetivo. A principal informação, pois é a partir de cada objetivo que os desdobramentos serão feitos. Objetivo é o resultado que a organização espera alcançar em longo prazo. Deve ser preenchido um formulário para cada objetivo separadamente.

(2) Estratégia. Estratégias são ações planejadas, mas ainda não detalhadas, para permitir à organização alcançar seus objetivos.

(3) Logo da organização. Colocar aqui o logotipo da organização à qual pertença o projeto.

(4) Data original. Este campo deverá ser preenchido com a data do primeiro preenchimento do formulário. Em nenhuma hipótese esta data deve ser atualizada.

(5) Data modificação. Este campo será preenchido automaticamente com a data em que o formulário for aberto no Word ou sistema, independentemente de o formulário ser ou não modificado.

(6) Data próxima revisão.

(7) Página. Este campo será preenchido automaticamente pelo Word ou sistema com o número de página do formulário, sempre com a notação 1/n.

(8) Logo da Metodologia DOMP™. Este campo não deve ser modificado. Deve conter sempre o logotipo da Metodologia DOMP™, que é marca registrada.

(9) Atividades sugeridas. Para executar a estratégia ligada ao objetivo. Atividades serão depois associadas a processos de negócio.

(10) Orçamento.

(11) Realizado.

(12) Analista responsável. O nome do analista responsável pela reunião.

(13) Assinatura. Assinatura do analista responsável pela reunião.

(14) Data.

(15) Gerente do projeto. O nome do gerente responsável pelo projeto.

(16) Assinatura. Assinatura do gerente do projeto.

(17) Data.

(18) Observações. Qualquer observação relevante que não tenha se encaixado nos assuntos ou tarefas discutidas na reunião.

(19) Responsável geral.

(20) Assinatura.

(21) Data.

(22) Coordenador.

(23) Assinatura.

(24) Data.

(25) Código do documento.

2.7 Planejamento Estratégico – Plano de Implantação

Usaremos o formulário Planejamento Estratégico Plano de Implantação para ficarmos aderentes a dois momentos distintos do planejamento estratégico. O primeiro momento é quando transpomos para esse formulário cada estratégia e suas ações. O segundo momento, que, na verdade, serão vários segundos momentos, é o do acompanhamento sobre o que foi planejado e o que efetivamente foi realizado.

Basicamente é um formulário de acompanhamento e controle.

Dois campos são extremamente importantes. O que atribui responsáveis para cada ação e os meses nos quais serão aferidos os resultados.

No original, cada célula do conjunto controle tem uma cor. Cinza-claro para mostrar que a ação está em dia; cinza médio para mostrar que a ação está atrasada; e cinza-escuro para mostrar que a ação corre o risco de não ser executada e com isso colocar toda a estratégia em perigo.

2.7.1 Objetivos do formulário

O formulário tem por objetivo criar o plano operacional e seus elementos de controle.

Objetivo (1)	Estratégia (2)	Metodologia DOMP™ Id. Planejamento Estratégico - Plano de Implantação V11 (3)	
DATA ORIGINAL (4)	DATA MODIFICAÇÃO (5)	DATA PRÓXIMA REVISÃO (6)	Página 1 de 1 (7) (8)

Atividades Sugeridas	Atividades Realizadas	Responsáveis	Pontos de Controle											
			Jan	Fev	Mar	Abr	Maio	Jun	Jul	Ago	Set	Out	Nov	Dez
(9)	(10)	(11)	(12)											

Analista responsável: (13)
Assinatura: (14)
Data: (15)

Gerente do projeto: (16)
Assinatura: (17)
Data: (18)

Observações: (19)

Feito   Atenção   Atrasado

Responsável Geral: (20)	Coordenador: (23)	Código do Documento: (26)
Assinatura: (21)	Assinatura: (24)	
Data: (22)	Data: (25)	

Fonte: TRCR Knowledge, 2012.

Formulário Planejamento Estratégico – Plano de Implantação.

2.7.2 Campos do formulário

(1) Objetivo. A principal informação, pois é a partir de cada objetivo que os desdobramentos serão feitos. Objetivo é o resultado que a organização espera alcançar em longo prazo. Deve ser preenchido um formulário para cada objetivo separadamente.

(2) Estratégia. Estratégias são ações planejadas, mas ainda não detalhadas, para permitir à organização alcançar seus objetivos.

(3) Logo da organização. Colocar aqui o logotipo da organização à qual pertença o projeto.

(4) Data original. Este campo deverá ser preenchido com a data do primeiro preenchimento do formulário. Em nenhuma hipótese esta data deve ser atualizada.

(5) Data modificação. Este campo será preenchido automaticamente com a data em que o formulário for aberto no Word ou sistema, independentemente de o formulário ser ou não modificado.

(6) Data próxima revisão.

(7) Página. Este campo será preenchido automaticamente pelo Word ou sistema com o número de página do formulário, sempre com a notação 1/n.

(8) Logo da Metodologia DOMP™. Este campo não deve ser modificado. Deve conter sempre o logotipo da Metodologia DOMP™, que é marca registrada.

(9) Atividades sugeridas.

(10) Atividades realizadas.

(11) Responsáveis.

(12) Pontos de controle.

(13) Analista responsável. O nome do analista responsável pela reunião.

(14) Assinatura. Assinatura do analista responsável pela reunião.

(15) Data.

(16) Gerente do projeto. O nome do gerente responsável pelo projeto.

(17) Assinatura. Assinatura do gerente do projeto.

(18) Data.

(19) Observações. Qualquer observação relevante que não tenha se encaixado nos assuntos ou tarefas discutidas na reunião.

(20) Responsável geral.

(21) Assinatura.

(22) Data.

(23) Coordenador.

(24) Assinatura.

(25) Data.

(26) Código do documento.

2.8 Planejamento Estratégico – Objetivo – Atividades / Processo / Subprocesso / Rotina

Finalmente chegamos ao momento de definirmos os processos, subprocessos e/ou rotinas dentro das quais estarão as atividades.

Convém salientar que esse formulário, assim como a rigor todo o conjunto, deve ser revisado periodicamente, pois nenhum planejamento estratégico deve ser estático, fechado, imutável.

É consenso geral entre os especialistas que os planos são feitos justamente para que saibamos e possamos mudá-los sempre que as situações assim o exigirem. Só a bagunça, a falta de organização, é imutável, isto é, uma situação que inexoravelmente leva as organizações para o buraco, a falência, ainda que demore mais para algumas que para outras.

Agora saberemos quais processos estarão diretamente ligados e quais estarão indiretamente ligados ao planejamento estratégico.

2.8.1 Objetivos do formulário

O formulário tem por objetivo ligar o planejamento estratégico ao mais baixo nível operacional nas organizações: os processos de negócio. Dessa forma, os processos de negócio serão sempre executados visando ao atingimento das metas e, consequentemente, dos objetivos.

Objetivo (1)	Estratégia (2)	Metodologia DOMP™ Id. Planejamento Estratégico – Objetivo_Atividades/ Proc./Subproc./Rot V11	(3)
DATA ORIGINAL (4)	DATA MODIFICAÇÃO (5)	DATA PRÓXIMA REVISÃO (6)	Página 1 de 1 (7) / (8)

Atividades Sugeridas	Processos/ Subprocessos/Rotinas	processOgrama associado	Pontos de Controle												
			Jan	Fev	Mar	Abr	Maio	Jun	Jul	Ago	Set	Out	Nov	Dez
(9)	(10)	(11)	(12)											

Analista responsável: (13)
Assinatura: (14)
Data: (15)

Gerente do projeto: (16)
Assinatura: (17)
Data: (18)

Observações: (19)

| Feito | Atenção | Atrasado |

Responsável Geral: (20)
Assinatura: (21)
Data: (22)

Coordenador: (23)
Assinatura: (24)
Data: (25)

Código do Documento: (26)

Fonte: TRCR Knowledge, 2012.

Formulário Planejamento Estratégico – Objetivo – Atividades / Processo / Subprocesso / Rotina.

2.8.2 Campos do formulário

(1) Objetivo. A principal informação, pois é a partir de cada objetivo que os desdobramentos serão feitos. Objetivo é o resultado que a organização espera alcançar em longo prazo. Deve ser preenchido um formulário para cada objetivo separadamente.

(2) Estratégia. Estratégias são ações planejadas, mas ainda não detalhadas, para permitir à organização alcançar seus objetivos.

(3) Logo da organização. Colocar aqui o logotipo da organização à qual pertença o projeto.

(4) Data original. Este campo deverá ser preenchido com a data do primeiro preenchimento do formulário. Em nenhuma hipótese esta data deve ser atualizada.

(5) Data modificação. Este campo será preenchido automaticamente com a data em que o formulário for aberto no Word ou sistema, independentemente de o formulário ser ou não modificado.

(6) Data próxima revisão.

(7) Página. Este campo será preenchido automaticamente pelo Word ou sistema com o número de página do formulário, sempre com a notação 1/n.

(8) Logo da Metodologia DOMP™. Este campo não deve ser modificado. Deve conter sempre o logotipo da Metodologia DOMP™, que é marca registrada.

(9) Atividades sugeridas.

(10) Processos / Subprocessos / Rotinas.

(11) processOgrama associado.

(12) Pontos de controle.

(13) Analista responsável. O nome do analista responsável pela reunião.

(14) Assinatura. Assinatura do analista responsável pela reunião.

(15) Data.

(16) Gerente do projeto. O nome do gerente responsável pelo projeto.

(17) Assinatura. Assinatura do gerente do projeto.

(18) Data.

(19) Observações. Qualquer observação relevante que não tenha se encaixado nos assuntos ou tarefas discutidas na reunião.

(20) Responsável geral.

(21) Assinatura.

(22) Data.

(23) Coordenador.

(24) Assinatura.

(25) Data.

(26) Código do documento.

Difícil?

Eu não disse que o trabalho seria fácil, mas feito com cuidado trará vantagens competitivas muito grandes para a organização. E será um trabalho muito gratificante.

2.9 Análise SWOT

O conjunto de formulários SWOT é composto de quatro formulários não complexos, pois o objetivo é o de permitir foco no trabalho e que os mesmos sejam concisos.

- Planejamento Estratégico SWOT 01 – Pontos Fortes & Oportunidades.
- Planejamento Estratégico SWOT 02 – Avaliação dos Pontos Fortes.
- Planejamento Estratégico SWOT 03 – Pontos Fracos & Ameaças.
- Planejamento Estratégico SWOT 04 – Avaliação dos Pontos Fracos.

Reproduzo a seguir os formulários com as devidas explicações sobre os seus campos.

2.10 Formulários SWOT

A famosa matriz SWOT, também conhecida como análise SWOT, foi desenvolvida na década de 1960 na Universidade de Stanford, EUA, e rapidamente se transformou num exercício utilizado por todas as principais empresas do mundo na formulação de suas estratégias.

Na Metodologia DOMP™ a análise SWOT deve ser feita com quatro formulários, dois para a análise dos pontos fortes e dois para a análise dos pontos fracos.

2.11 Pontos fortes

2.11.1 Planejamento Estratégico SWOT 01 – Pontos Fortes & Oportunidades

2.11.1.1 Objetivos do formulário

O objetivo deste formulário é o de listar, para permitir as respectivas análises, os pontos fortes de cada objetivo criado no planejamento estratégico a fim de serem desenvolvidos planos que levem a organização a se beneficiar ao máximo desses pontos fortes em prol do atingimento do objetivo. Cada formulário deve ser preenchido de forma individualizada para cada objetivo estabelecido no planejamento estratégico.

Objetivo: (1)	Nome da Organização: (2)	Metodologia DOMP™ Id. Planejamento Estratégico SWOT 01 Pontos Fortes & Oportunidades V10	(3)
DATA ORIGINAL (4)	DATA MODIFICAÇÃO (5)	DATA PRÓXIMA REVISÃO (6)	Página 1 de 1 (7) (8)

Pontos Fortes (9)	Oportunidades (10)	Processos Envolvidos (11)	Maturidade dos Processos Envolvidos (12)			
			Alta	Média	Baixa	Desc.

Responsável Geral: (13)	Coordenador: (16)
Assinatura: (14)	Assinatura: (17)
Data: (15)	Data: (18)

Observações: (19)

Responsável Geral: (20)	Coordenador: (23)	Código do Documento: (26)
Assinatura: (21)	Assinatura: (24)	
Data: (22)	Data: (25)	

Fonte: TRCR Knowledge, 2012.

Formulário Planejamento Estratégico SWOT 01 – Pontos Fortes & Oportunidades.

2.11.1.2 Campos do formulário

(1) Objetivo.

(2) Nome da organização.

(3) Logo da organização. Colocar aqui o logotipo da organização à qual pertença o projeto.

(4) Data original. Este campo deverá ser preenchido com a data do primeiro preenchimento do formulário. Em nenhuma hipótese esta data deve ser atualizada.

(5) Data modificação. Este campo será preenchido automaticamente com a data em que o formulário for aberto no Word ou sistema, independentemente de o formulário ser ou não modificado.

(6) Data próxima revisão.

(7) Página. Este campo será preenchido automaticamente pelo Word ou sistema com o número de página do formulário, sempre com a notação 1/n.

(8) Logo da Metodologia DOMP™. Este campo não deve ser modificado. Deve conter sempre o logotipo da Metodologia DOMP™, que é marca registrada.

(9) Pontos fortes.

(10) Oportunidades.

(11) Processos envolvidos.

(12) Maturidade dos processos envolvidos.

(13) Analista responsável. O nome do analista responsável pela coleta das informações.

(14) Assinatura. Assinatura do analista responsável pela coleta das informações.

(15) Data.

(16) Gerente do projeto. O nome do gerente responsável pelo projeto.

(17) Assinatura. Assinatura do gerente do projeto.

(18) Data.

(19) Observações. Qualquer observação relevante que não tenha se encaixado nos assuntos ou tarefas discutidas na reunião.

(20) Responsável geral.

(21) Assinatura.

(22) Data.

(23) Coordenador.

(24) Assinatura.

(25) Data.

(26) Código do documento.

62 CAPÍTULO 2

Objetivo: (1)	Nome da Organização: (2)	Metodologia DOMP™ — Id. Planejamento Estratégico SWOT 02 — Avaliação dos Pontos Fortes V10 (3)		
DATA ORIGINAL (4)	DATA MODIFICAÇÃO (5)	DATA PRÓXIMA REVISÃO (6)	Página 1 de 2 (7)	(8)
Pontos Fortes (9)		Classificação (10)	Peso (11)	Nota (12)
Marca reconhecida				
Diferencial inovador				
Tecnologia própria				
Metodologia própria				
Qualidade do produto				
Catálogo variado de bens				
Catálogo variado de serviços				
Baixo custo				
Colaboradores com competências singulares e/ou diferenciadas				
Localização privilegiada				
Infraestrutura adequada				
Diversos canais de vendas				
Eficiência operacional				
Baixo *turnover* de funcionários				
Base de clientes ampla e atualizada				
Recursos financeiros suficientes				
Escalabilidade				
Responsabilidade social				
Responsabilidade ambiental				
				Total Geral

Fonte: TRCR Knowledge, 2012.

Planejamento Estratégico SWOT 02 – parte 01 – Avaliação dos Pontos Fortes.

2.11.2 Planejamento Estratégico SWOT 02 – Avaliação dos Pontos Fortes

2.11.2.1 Objetivos do formulário

Listar os pontos fortes existentes na organização visando aproveitar as oportunidades que deram origem aos objetivos na confecção do planejamento estratégico.

No formulário reproduzido a seguir já existe uma lista de pontos fortes que, a rigor, servem para qualquer organização, embora você possa acrescentar outros sempre que necessário.

A análise deve:

1. Levar em conta a pontuação de cada ponto forte, que precisa ser multiplicada pelo seu peso correspondente. O peso pode ir do 0 (zero), para nenhuma importância, a 5 (cinco), para aqueles pontos fortes que realmente façam diferença e sejam muito importantes.
2. No campo Classificação deve constar a classificação sem ordenamento de cada ponto positivo, em função da nota que cada um tiver obtido.
3. Na segunda parte do formulário estão os itens que devem ser levados em consideração para a classificação dos pontos fortes.

2.11.2.2 Campos do formulário

(1) Objetivo.

(2) Nome da organização.

(3) Logo da organização. Colocar aqui o logotipo da organização à qual pertença o projeto.

(4) Data original. Este campo deverá ser preenchido com a data do primeiro preenchimento do formulário. Em nenhuma hipótese esta data deve ser atualizada.

(5) Data modificação. Este campo será preenchido automaticamente com a data em que o formulário for aberto no Word ou sistema, independentemente de o formulário ser ou não modificado.

(6) Data próxima revisão.

(7) Página. Este campo será preenchido automaticamente pelo Word ou sistema com o número de página do formulário, sempre com a notação 1/n.

(8) Logo da Metodologia DOMP™. Este campo não deve ser modificado. Deve conter sempre o logotipo da Metodologia DOMP™, que é marca registrada.

(9) Pontos fortes.

(10) Oportunidades.

(11) Processos envolvidos.

(12) Maturidade dos processos envolvidos.

(13) Itens para classificação dos pontos fortes. Note que aqui estão apenas alguns exemplos. Outros podem ser acrescentados de acordo com a conveniência da organização.

(14) Analista responsável. O nome do analista responsável pela coleta das informações.

(15) Assinatura. Assinatura do analista responsável pela coleta das informações.

(16) Data.

(17) Gerente do projeto. O nome do gerente responsável pelo projeto.

(18) Assinatura. Assinatura do gerente do projeto.

(19) Data.

(20) Observações. Qualquer observação relevante que não tenha se encaixado nos assuntos ou tarefas discutidas na reunião.

(21) Responsável geral.

(22) Assinatura.

(23) Data.

(24) Coordenador.

(25) Assinatura.

(26) Data.

(27) Código do documento.

Objetivo: (1)	Nome da Organização: (2)	Metodologia DOMP™ Id. Planejamento Estratégico SWOT 02 Avaliação dos Pontos Fortes V10	(3)

DATA ORIGINAL (4)	DATA MODIFICAÇÃO (5)	DATA PRÓXIMA REVISÃO (6)	Página 1 de 2 (7)	(8)

ITENS PARA CLASSIFICAÇÃO (13)
Extremamente importante
Muito importante
Importante
Pouco importante
Sem importância
Sem classificação
Responsabilidade ambiental

Analista Responsável: (14)	Gerente do Projeto: (17)
Assinatura: (15)	Assinatura: (18)
Data: (16)	Data: (19)
Observações: (20)	

Responsável Geral: (21)	Coordenador: (24)	Código do Documento: (27)
Assinatura: (22)	Assinatura: (25)	
Data: (23)	Data: (26)	

Fonte: TRCR Knowledge, 2012.

Formulário Planejamento Estratégico SWOT 02 – parte 2 – Avaliação dos Pontos Fortes. Nesta parte do formulário estão listados os itens que servirão para embasar a classificação de cada ponto forte.

2.12 Pontos fracos

2.12.1 Planejamento Estratégico SWOT 03 – Pontos Fracos & Ameaças

2.12.1.1 Objetivos do formulário

O objetivo deste formulário é o de listar, para permitir as respectivas análises, os pontos fracos que podem impactar cada objetivo criado no planejamento estratégico a fim de serem desenvolvidos planos que levem a organização a se preparar ou a se precaver das ameaças que tais pontos fracos possam ocasionar.

		Metodologia DOMP™ Id. Planejamento Estratégico SWOT 03 Pontos Fortes & Ameaças V10	
Objetivo: (1)	Nome da Organização: (2)		(3)
DATA ORIGINAL (4)	DATA MODIFICAÇÃO (5)	DATA PRÓXIMA REVISÃO (6)	Página 1 de 1 (7) (8)

Pontos Fracos (9)	Ameaças (10)	Processos Envolvidos (11)	Maturidade dos Processos Envolvidos (12)			
			Alta	Média	Baixa	Desc.

Analista Responsável: (13)
Assinatura: (14)
Data: (15)
Observações: (19)

Gerente do Projeto: (16)
Assinatura: (17)
Data: (18)

Responsável Geral: (20)
Assinatura: (21)
Data: (22)

Coordenador: (23)
Assinatura: (24)
Data: (25)

Código do Documento: (26)

Fonte: TRCR Knowledge, 2012.

Formulário Planejamento Estratégico SWOT 03 – Pontos Fracos & Ameaças.

2.12.1.2 Campos do formulário

(1) Objetivo.

(2) Nome da organização.

(3) Logo da organização. Colocar aqui o logotipo da organização à qual pertença o projeto.

(4) Data original. Este campo deverá ser preenchido com a data do primeiro preenchimento do formulário. Em nenhuma hipótese esta data deve ser atualizada.

(5) Data modificação. Este campo será preenchido automaticamente com a data em que o formulário for aberto no Word ou sistema, independentemente de o formulário ser ou não modificado.

(6) Data próxima revisão.

(7) Página. Este campo será preenchido automaticamente pelo Word ou sistema com o número de página do formulário, sempre com a notação 1/n.

(8) Logo da Metodologia DOMP™. Este campo não deve ser modificado. Deve conter sempre o logotipo da Metodologia DOMP™, que é marca registrada.

(9) Pontos fracos.

(10) Ameaças.

(11) Processos envolvidos.

(12) Maturidade dos processos envolvidos.

(13) Analista responsável. O nome do analista responsável pela coleta das informações.

(14) Assinatura. Assinatura do analista responsável pela coleta das informações.

(15) Data.

(16) Gerente do projeto. O nome do gerente responsável pelo projeto.

(17) Assinatura. Assinatura do gerente do projeto.

(18) Data.

(19) Observações. Qualquer observação relevante que não tenha se encaixado nos assuntos ou tarefas discutidas na reunião.

(20) Responsável geral.

(21) Assinatura.

(22) Data.

(23) Coordenador.

(24) Assinatura.

(25) Data.

(26) Código do documento.

2.12.2 Planejamento Estratégico SWOT 04 – Avaliação dos Pontos Fracos

2.12.2.1 Objetivos do formulário

O objetivo deste formulário é o de listar os pontos fracos existentes na organização em função das oportunidades analisadas e que deram origem aos objetivos no momento da confecção do planejamento estratégico.

No formulário reproduzido a seguir já existe uma lista de pontos fracos que, a rigor, servem para qualquer organização, embora você possa acrescentar outros sempre que necessário.

A análise deve:

1. Levar em conta a pontuação de cada ponto fraco, que precisa ser multiplicada pelo seu peso correspondente. O peso pode ir do 0 (zero), para nenhuma importância, a 5 (cinco), para aqueles pontos fracos que realmente façam diferença e sejam muito importantes.

2. No campo Classificação deve constar a classificação sem ordenamento de cada ponto fraco, em função da nota que cada um tiver obtido.

3. Na segunda parte do formulário estão os itens que devem ser levados em consideração para a classificação dos pontos fracos.

70 CAPÍTULO 2

Objetivo: (1)	Nome da Organização: (2)	(3)		
		Metodologia DOMP™ Id. Planejamento Estratégico SWOT 04 Avaliação dos Pontos Fracos V10		
DATA ORIGINAL (4)	DATA MODIFICAÇÃO (5)	DATA PRÓXIMA REVISÃO (6)	Página 1 de 2 (7)	(8)
Pontos Fracos (9)		Classificação (10)	Peso (11)	Nota (12)
Marca desconhecida				
Sem diferencial competitivo				
Sem tecnologia própria				
Sem Metodologia própria				
Baixa qualidade do produto				
Ausência de novos bens				
Ausência de novos serviços				
Alto custo				
Colaboradores sem competências singulares e/ou sem qualificação				
Localização problemática				
Dependente de conhecimentos específicos				
Infraestrutura adequada				
Pouca variedade de produtos				
Poucos canais de vendas				
Ineficiência operacional				
Baixa qualidade no atendimento ao cliente				
Alto turnover de funcionários				
Dependente de poucos clientes				
Recursos financeiros escassos				
Sem escalabilidade				
Sem responsabilidade social				
Sem responsabilidade ambiental				
			Total Geral	

Responsável Geral: (20) Assinatura: (21) Data: (22)	Coordenador: (23) Assinatura: (24) Data: (25)	Código do Documento: (26)

Fonte: TRCR Knowledge, 2012.

Formulário Planejamento Estratégico SWOT 04 (parte 1) – Avaliação dos Pontos Fracos.

2.12.2.2 Campos do formulário

(1) Objetivo.

(2) Nome da organização.

(3) Logo da organização. Colocar aqui o logotipo da organização à qual pertença o projeto.

(4) Data original. Este campo deverá ser preenchido com a data do primeiro preenchimento do formulário. Em nenhuma hipótese esta data deve ser atualizada.

(5) Data modificação. Este campo será preenchido automaticamente com a data em que o formulário for aberto no Word ou sistema, independentemente de o formulário ser ou não modificado.

(6) Data próxima revisão.

(7) Página. Este campo será preenchido automaticamente pelo Word ou sistema com o número de página do formulário, sempre com a notação 1/n.

(8) Logo da Metodologia DOMP™. Este campo não deve ser modificado. Deve conter sempre o logotipo da Metodologia DOMP™, que é marca registrada.

(9) Pontos fracos.

(10) Oportunidades.

(11) Processos envolvidos.

(12) Maturidade dos processos envolvidos.

(13) Itens para classificação dos pontos fortes. Note que aqui estão apenas alguns exemplos. Outros podem ser acrescentados de acordo com a conveniência da organização.

(14) Analista responsável. O nome do analista responsável pela coleta das informações.

(15) Assinatura. Assinatura do analista responsável pela coleta das informações.

(16) Data.

(17) Gerente do projeto. O nome do gerente responsável pelo projeto.

72 CAPÍTULO 2

(18) Assinatura. Assinatura do gerente do projeto.

(19) Data.

(20) Observações. Qualquer observação relevante que não tenha se encaixado nos assuntos ou tarefas discutidas na reunião.

(21) Responsável geral.

(22) Assinatura.

(23) Data.

(24) Coordenador.

(25) Assinatura.

(26) Data.

(27) Código do documento.

Objetivo: (1)	Nome da Organização: (2)	Metodologia DOMP™ Id. Planejamento Estratégico SWOT 04 Avaliação dos Pontos Fracos V10	(3)

DATA ORIGINAL (4)	DATA MODIFICAÇÃO (5)	DATA PRÓXIMA REVISÃO (6)	Página 1 de 2 (7)	(8)

Pontos Fracos (9)		Classificação (10)	Peso (11)	Nota (12)

ITENS PARA CLASSIFICAÇÃO
(13)

Extremamente importante

Muito importante

Importante

Pouco importante

Sem importância

Sem classificação

Analista Responsável: (14)	Analista Responsável: (17)
Assinatura: (15)	Assinatura: (18)
Data: (16)	Data: (19)
Observações: (20)	

Responsável Geral: (21)	Coordenador: (24)	Código do Documento: (27)
Assinatura: (22)	Assinatura: (25)	
Data: (23)	Data: (26)	

Fonte: TRCR Knowledge, 2012.

Formulário Planejamento Estratégico SWOT 04 (parte 2) – Avaliação dos Pontos Fracos. Nesta parte do formulário estão listados os itens que servirão para embasar a classificação de cada ponto fraco.

Conclusão

Planejamento estratégico é uma poderosa ferramenta de administração voltada a fazer com que as organizações possam planejar seu futuro. Claro, vimos que apenas criar um plano estratégico não leva nenhuma organização ao futuro, e muito menos com segurança; é preciso executá-lo por meio das operações no dia a dia, e isto veremos mais adiante.

Planejar é antes de tudo construir um rumo, uma direção, objetivos, para que seja possível pavimentar a estrada que levará a organização a esse destino.

Sem planejamento não é possível fazer nada com segurança. A organização estará sempre tentando se salvar, não afundar, em vez de se projetar com segurança e determinação rumo ao futuro.

Planos são feitos para serem mudados sempre que necessário.

O difícil, senão impossível, é mudar alguma coisa da qual não se tem conhecimento. Lembra-se do livro *Alice no País das Maravilhas*? Dele reproduzo a seguir o seguinte diálogo:

> Podes dizer-me, por favor, que caminho devo seguir para sair daqui? Pergunta Alice.
>
> Isso depende muito de para onde queres ir. Respondeu o gato.
>
> Preocupa-me pouco aonde ir. Disse Alice.
>
> Nesse caso, pouco importa o caminho que sigas. Replicou o gato.
>
> *(Lewis Carroll)*

E, filosoficamente falando, se qualquer caminho serve nenhum caminho serve!

Questões para debate

1. Crie um plano estratégico com seu grupo de trabalho visando a uma empresa que apresente um produto inovador na área de tecnologia da informação. Por exemplo, pode ser um novo dispositivo do tipo PPD, Portable Personal Device.[2]

2. Usando a análise SWOT, liste todos os elementos para que o lançamento do dispositivo possa ter sucesso.

3. Crie diretrizes organizacionais. Visão, missão e valores da empresa que fabricará o PPD.

4. Comente a missão do Facebook, "Dar às pessoas o poder do compartilhamento e fazer o mundo mais aberto e conectado". Qual o significado dessa diretriz?

5. Para Herbert Simon,[3] a solução de qualquer problema de decisão, seja de ordem administrativa, científica ou artística, pode ter quatro etapas. Qual o significado de cada uma em função do lançamento do PPD?

   a. Percepção de oportunidade ou da necessidade de decidir.
   b. Formulação das várias ações alternativas.
   c. Avaliação das alternativas quanto aos resultados.
   d. Escolha das alternativas que serão implantadas.

---

[2] PPD – Portable Personal Device, ou Equipamento Pessoal Portátil.

[3] Herbert Alexander Simon (1916-2001) foi um economista estadunidense, filho de um engenheiro eletricista, inventor e desenhista de engrenagens elétricas que viera da Alemanha para os Estados Unidos em 1903. Sua mãe, cuja família tinha imigrado de Praga (República Tcheca, antiga Tchecoslováquia) e Colônia (Alemanha), era pianista. Seus antepassados europeus tinham sido construtores de pianos, ourives e vinicultores. Fonte: <https://pt.wikipedia.org/wiki/Herbert_Simon>. Acesso em: 24 abr. 2017.

Adendo

"Desculpe, a Odebrecht errou,[4]

A Odebrecht reconhece que participou de práticas impróprias em sua atividade empresarial.

Não importa se cedemos a pressões externas. Tampouco se há vícios que precisam ser combatidos ou corrigidos no relacionamento entre empresas privadas e o setor público. O que mais importa é que reconhecemos nosso envolvimento, fomos coniventes com tais práticas e não as combatemos como deveríamos.

Foi um grande erro, uma violação dos nossos próprios princípios, uma agressão a valores consagrados de honestidade e ética.

Não admitiremos que isso se repita.

Por isso, a Odebrecht pede desculpas, inclusive por não ter tomado antes esta iniciativa.

Com a capacidade de gestão e entrega da Odebrecht, reconhecida pelos clientes, a competência e comprometimento dos nossos profissionais e a qualidade dos nossos produtos e serviços, definitivamente, não precisávamos ter cometido esses desvios.

A Odebrecht aprendeu várias lições com os seus erros. E está evoluindo.

Estamos comprometidos, por convicção, a virar essa página.

Compromisso com o futuro

O Compromisso Odebrecht para uma atuação ética, íntegra e transparente já está em vigor e será praticado de forma natural, convicta, responsável e irrestrita em todas as empresas da Odebrecht, sem exceções nem flexibilizações.

Não seremos complacentes.

Este Compromisso é uma demonstração da nossa determinação de mudança:

---

[4] Disponível em: <http://epocanegocios.globo.com/Empresa/noticia/2016/12/odebrecht-admite-erro-pede-desculpas-e-diz-que-vai-virar-pagina.html>. Acesso em: 26 dez. 2016.

1. Combater e não tolerar a corrupção em quaisquer de suas formas, inclusive extorsão e suborno.
2. Dizer não, com firmeza e determinação, a oportunidades de negócio que conflitem com este Compromisso.
3. Adotar princípios éticos, íntegros e transparentes no relacionamento com agentes públicos e privados.
4. Jamais invocar condições culturais ou usuais do mercado como justificativa para ações indevidas.
5. Assegurar transparência nas informações sobre a Odebrecht, que devem ser precisas, abrangentes e acessíveis, e divulgadas de forma regular.
6. Ter consciência de que desvios de conduta, sejam por ação, omissão ou complacência, agridem a sociedade, ferem as leis e destroem a imagem e a reputação de toda a Odebrecht.
7. Garantir na Odebrecht e em toda a cadeia de valor dos Negócios a prática do Sistema de Conformidade, sempre atualizado com as melhores referências.
8. Contribuir individual e coletivamente para mudanças necessárias nos mercados e nos ambientes onde possa haver indução a desvios de conduta.
9. Incorporar nos Programas de Ação dos Integrantes avaliação de desempenho no cumprimento do Sistema de Conformidade.
10. Ter convicção de que este Compromisso nos manterá no rumo da Sobrevivência, do Crescimento e da Perpetuidade.

A sociedade quer elevar a qualidade das relações entre o poder público e as empresas privadas.

Nós queremos participar dessa ação, junto com outros setores, e mudar as práticas até então vigentes na relação público-privada, que são de conhecimento generalizado.

Apoiamos os que defendem mudanças estruturantes que levem governos e empresas a seguir, rigorosamente, padrões éticos e democráticos.

É o nosso Compromisso com o futuro.

É o caminho que escolhemos para voltar a merecer a sua confiança."

> ### Nota do autor
>
> Fiz questão de inserir este texto aqui para mostrar que visão, missão e valores são orientações para a vida da organização. Sem que todos as vivam e as pratiquem, as diretrizes organizacionais não servem para nada. São, como dizem os literatos, letra morta!
>
> A Odebrecht assim como dezenas de outras organizações, errou ao se submeter à prática da corrupção no nosso e em dezenas de outros países.

PLANEJAMENTO TÁTICO

Objetivos de aprendizagem

- Aprender a prática do planejamento tático.

- Aprender como derivar o planejamento tático a partir do planejamento estratégico.

- Conhecer quais são os desperdícios organizacionais.

- Aprender como solucionar problemas e melhorar o desempenho de processos de negócio.

- Saber qual a ligação entre problemas, desempenho e metas.

- Aprender como as metas são dependentes dos fatores críticos de sucesso.

- Aprender como analisar soluções para cada obstáculo que impeça os fatores críticos de sucesso.

Temas

- A prática do planejamento tático.
  Como decompor o planejamento estratégico e, a partir disso, como criar o planejamento tático.

- Questões abordadas no plano tático.
  As principais questões que devem ser abordadas no planejamento tático:

- O que fazer?
- É possível fazer?
- Vale a pena fazer? Entre outras.
- Desperdícios organizacionais.
  Os principais desperdícios organizacionais e as preocupações que devem guiar os atuais gestores na busca de soluções que resolvam tais desperdícios.

Resumidamente, o plano tático liga o plano estratégico ao plano operacional e estes dão origem aos processos de negócio.

É óbvio que essa definição não basta para explicar o real significado do planejamento tático nem por que a organização deve se preocupar em fazê-lo.

Para recordarmos, o planejamento estratégico é o que se pode chamar de "a visão de longo prazo" da organização e dá origem aos objetivos, que são resultados que a organização busca alcançar em longo prazo. Ainda que esse "longo prazo" esteja cada dia mais curto por conta da velocidade com que o mundo, especialmente o dos negócios, move-se hoje.

Alguns exemplos de objetivos que podem ter sido criados no momento da confecção do planejamento estratégico:

- Aumentar a satisfação dos clientes em 30% em 2 anos.
- Reduzir os custos operacionais em 13% em 2 anos.
- Elevar o índice de capacitação dos funcionários em 30% nos próximos dois anos.
- Aumentar a participação no mercado "X" em 30% nos próximos 12 meses.
- Introduzir novos produtos a cada seis meses.

Com a globalização, causada principalmente pelo avanço das Tecnologias da Informação e da Comunicação (TICs), os planos estratégicos foram ficando cada vez mais curtos.

Enquanto o planejamento estratégico é realizado para toda a organização, o planejamento tático é feito em nível de área, envolvendo às vezes apenas um processo de negócio de ponta a ponta.

O primeiro curso que fiz sobre planejamento estratégico nos ensinava a fazer planos de dez anos, com revisões periódicas, geralmente anuais, para atualizá-los. Era a década de 1970 e, embora o mundo já tivesse sofrido a primeira grande crise do petróleo ocasionada pela Guerra dos Seis Dias em 1967,[1] ainda era possível planejar com horizontes mais distantes.

O planejamento tático é o responsável por criar metas e condições para que os objetivos estabelecidos no planejamento estratégico sejam atingidos. Por se tratar de um planejamento mais específico, as decisões devem ser tomadas por pessoas que ocupam cargos da média administração, o nível entre a alta direção e o operacional.

Outra característica que diferencia o planejamento tático do planejamento estratégico é o tempo no qual as ações que visam ao cumprimento das metas devem ser executadas – geralmente entre 1 a 3 anos. Isso faz que o planejamento tático preocupe-se com o médio/longo prazos.

3.1 Concretizando o planejamento estratégico

O planejamento tático deve ser mais detalhado que o planejamento estratégico, pois ele traduz e interpreta o PE, transformando-o em planos que serão concretizados pelo planejamento operacional.

Eu costumo chamar a atenção dos meus alunos para uma característica pouco explorada pelos autores que falam de planejamento estratégico e seus desdobramentos: a natureza de cada plano.

O planejamento estratégico diz para onde ir.

O planejamento tático diz o que fazer para realizar o planejamento estratégico.

O planejamento operacional diz à organização como executar o planejamento tático para que o planejamento estratégico seja realizado.

---

[1] A Guerra dos Seis Dias foi um conflito-relâmpago que aconteceu entre Israel e os países árabes Egito, Jordânia e Síria, os quais contavam com o apoio do Iraque, Kuwait, Arábia Saudita, Argélia e Sudão. Após o término da guerra pelo controle do Canal de Suez, um clima de tensão ficou no ar, deixando claro que qualquer detalhe mal interpretado ou simplesmente feito com má vontade poderia levar às causas de uma nova guerra, e foi o que aconteceu.

3.2 Questões abordadas no plano tático

Também é no planejamento tático que iremos desenvolver os planos de marketing, de produção e financeiro, entre outros.

3.2 Questões abordadas no plano tático

O plano tático deve ser criado a partir dos objetivos estabelecidos no planejamento estratégico e basicamente definir as metas que, quando realizadas, levarão a organização a atingir os objetivos estabelecidos no PE.

Algumas questões para serem abordadas e respondidas no plano tático.

1. **O que fazer?** A organização precisa decidir o que fazer. Essa decisão deve estar baseada nos objetivos criados no plano estratégico. Não existe nenhuma possibilidade de se fazer algo sem que haja orçamento para que se possa fazer o que quer que seja. E os orçamentos são os instrumentos de materialização de todos os planos, principalmente o de investimentos e o operacional.

2. **É possível fazer?** Algumas vezes não é possível fazer aquilo que a organização pretendia e planejou fazer. Os motivos podem ser os mais diversos. Falta, por exemplo, maturidade de tecnologia, inexistência de legislação que permita a produção do produto etc.

3. **Vale a pena fazer?** Às vezes existem empresas que se dispõem a bancar e correr o risco de produzir algo que está em desacordo com a legislação existente por falta de uma lei específica. Mas, em algumas situações, vale a pena correr determinados riscos para ser pioneiro na apresentação de um produto ao mercado.

4. **Vai funcionar?** Hoje é possível, com algum nível de investimento, realizar testes e simulações com novos produtos antes mesmo do primeiro protótipo.

5. **Quando vamos fazer?** Depende do orçamento de investimentos e de como este será disponibilizado no planejamento operacional.

6. **Para quem vamos fazer?** Esta, talvez, seja a mais importante de todas as perguntas. E as respostas deverão ser claras e objetivas. Não ter a exata informação de a quem a empresa vai atender coloca em risco a sobrevivência da mesma.

3.3 Níveis de planejamentos

1. Estratégico
2. Tático
3. Operacional

O planejamento estratégico é mais abrangente. Ao realizá-lo, a organização deve preocupar-se com os seguintes pontos, embora não deva se limitar a esta lista:

- Visão geral da organização.
- Forte orientação externa.
- Olhar de dentro para fora.
- Foco no longo prazo.
- Busca por objetivos.
- Macroplanos.

Esse plano está voltado e deve ser criado e executado pela alta direção da organização.

Figura 3.1 Quatro níveis de atuação organizacional.

84 CAPÍTULO 3

O plano tático é feito a partir do planejamento estratégico, tendo como base os objetivos estabelecidos nele. A organização deve criar o plano tático voltado à seguinte abordagem:

- Visão segmentada da organização, geralmente departamentalizada e setorizada.
- Forte orientação interna.
- Olhar para dentro.
- Foco no médio prazo.

A execução do plano tático deve ficar sob os cuidados dos responsáveis pela média administração: gerentes, superintendentes etc.

O plano operacional baseia-se em suportar, gerenciar, apoiar a execução das operações no dia a dia da organização. Por isso está sob a responsabilidade da baixa administração, que geralmente são os coordenadores e supervisores.

- **Visão dos processos operacionais.** Quanto mais perto estamos das operações mais perto dos processos operacionais nos encontramos. Em contrapartida, quanto mais no topo da pirâmide mais perto dos processos gerenciar nos encontramos.
- **Foco no curto prazo.** A baixa administração deve estar preocupada em manter a linha de produção funcionando, quer estejamos falando de indústria discreta, de transformação ou de serviço. Por isso o foco é sempre no curto prazo, variando, as preocupações, de semana a mês quanto às necessidades de manter a linha em pleno funcionamento.
- **Responsável pelas operações do dia a dia.** Coordenadores e supervisores devem auxiliar, suportar todos que estão sob sua responsabilidade.

Procedimentos operacionais (processos de negócio):

- **Operação.** Aqui estão todos os funcionários que executam as operações para a produção do bem ou serviço que a organização vende para clientes externos. Neste ponto da estrutura organizacional o conhecimento dos processos de negócio operacionais faz-se imprescindível para que o produto produzido tenha qualidade.

3.4 Desperdícios

Com base no planejamento estratégico, sabemos quais processos deverão ser criados ou recriados, mas outra análise se faz necessária antes que possamos criá-los. Essa análise está ligada ao que eu chamo de análise para controle de desperdícios existentes em todos os níveis organizacionais.

Controlar desperdícios significa tanto poder evitá-los quanto ter que conviver com eles, mas mantendo-os sob controle.

A análise para controle de desperdícios é muito importante para a modelagem, isto é, para a recriação de processos que foram mapeados anteriormente. Com base nela será possível desenvolver o plano com sugestões para solução dos problemas encontrados e o plano com sugestões para melhoria de desempenho do processo.

Para novos processos a análise para controle de desperdícios também é importante, mas não com o mesmo viés que usamos para a recriação de processos. A preocupação, nesse caso, é a de focarmos nos pontos que deverão ser evitados na criação de um novo processo. Podemos incluir nessa análise informações provenientes de *benchmarking*, pois isso vai ajudar e muito na prevenção antecipada de desperdícios.

Os pontos de atenção quanto aos desperdícios, que levam uma organização a perder muito dinheiro e que, por conseguinte, nenhuma pode mais se dar ao luxo de ignorar, são os ligados aos seguintes aspectos:

1. **Produção**. Muito se tem falado e muito temos ouvido falar sobre produção enxuta como forma de evitarmos desperdícios para aperfeiçoarmos e otimizarmos os meios de produção. Entretanto, tenho observado que existem diferentes posturas entre *lean*

manufacturing[2] e *lean office*, isto é, manufatura enxuta e escritório enxuto. Ambas estão inseridas num contexto mais amplo chamado *Lean Thinking*.

O *Lean Thinking* tem cinco princípios que podem, e devem, ser seguidos em qualquer tipo de produção e organização:

- **Valor.** Premissa básica para começar a desenvolver algo. Deixar o cliente definir o que é valor para ele no bem ou serviço e não pensar que a organização tem o produto que o cliente "não poderá recusar".

- **Fluxo de Valor.** Identificar quais atividades agregam valor ao produto e, consequentemente, quais não agregam. As que não agregam valor (desperdício) devem ser eliminadas, reduzindo-se dessa forma os custos de máquinas, energia, tempo etc. Para isso deve-se utilizar qualquer metodologia que possa mapear processos, especialmente os primários.

- **Fluxo Contínuo.** Depois de identificadas as atividades que criam ou agregam valor ao produto, deve-se redesenhar os processos, começando pelos primários (os de natureza industrial) para que possamos produzir sem interrupções e desperdícios.

- **Produção Puxada.** Nessa etapa a empresa passa a trabalhar produzindo apenas o que o cliente quer, reduzindo ao máximo o estoque e o tempo de espera entre operações e a entrega ao cliente.

- **Perfeição.** É a busca constante e incansável pela melhoria contínua dos processos, pessoas e produtos.

No que tange à produção de bens, esses princípios têm sido razoavelmente aplicados, mas no que tange à produção de serviços, não. Talvez seja pela natureza de uns e de outros, pois enquanto bens são tangíveis, serviços não o são – são intangíveis.

---

[2] O professor James P. Womack do Massachusetts Institute of Technology (MIT) fez que o termo *Lean* ficasse conhecido mundialmente por meio do seu livro *A máquina que mudou o mundo* de 1990, escrito em parceria com Daniel T. Jones e Daniel Roos.

2. **Transportes**. Peça fundamental em qualquer ambiente de produção, tanto para bens quanto para serviços. Todos nós sabemos que o Brasil sofre com uma crônica falta de infraestrutura, sem estradas decentes, sem portos nem aeroportos eficientes e com uma série de entraves legais.

3. **Logística**. Preocupação intimamente ligada ao item anterior, pois sem infraestrutura adequada não há logística que resista.

4. **Estoques**. Reduzir estoques na produção de bens é fundamental, afinal estoque é custo.

5. **Inventários**. Malfeitos ou sequer feitos são causas de desperdícios.

6. **Atrasos**. Eliminá-los ou, sendo impossível, reduzi-los.

7. **Movimentações**. Movimentar qualquer coisa, tanto na produção de bens quanto na de serviços, sem propósito definido é custo. Até mesmo na vida pessoal essa preocupação é válida.

8. **Defeitos**. A busca por "zero defeitos" deve ser uma preocupação constante tanto na produção de bens quanto na de serviços.

9. **TI**. Embora muitos ainda culpem as tecnologias da informação pelos erros, falhas e problemas que ocorrem na produção de bens e serviços, sabemos que TI é apenas um instrumento de apoio, de suporte. Se mal definida, além de não contribuir para a melhoria das condições de produção, certamente pode provocar sérios danos à organização.

10. **SAI**.[3] Sistemas de automação industrial para a produção de bens são fundamentais e as mesmas preocupações que devemos ter com as tecnologias da informação aplicam-se aqui. Aliás, todos os sistemas de automação industrial são, a rigor e salvo raríssimas exceções, tecnologias da informação.

E, claro, permeando todos esses pontos de preocupação com o desperdício está o principal elemento existente em todo e qualquer tipo de organização: o ser humano.

---

[3] Sistemas de automação industrial.

Combater desperdícios sem sabermos a origem dos mesmos, suas causas, é o mesmo que tentar corrigir erros por meio dos efeitos e dos resultados que estes desencadeiam na organização.

Como parte do planejamento tático, os formulários apresentados a seguir contêm sugestões para solução de problemas e para melhoria de desempenho. Note que eles não são os planos operacionais propriamente ditos, mas somente o que deve ser feito para que então se passe à fase de execução por meio de um plano operacional.

3.5 Solução de problemas e melhoria de desempenho

Seis formulários formam o conjunto contendo as sugestões para solução de problemas e para melhoria de desempenho.

São eles:

- Problemas, desempenho & metas.
- Metas & FCS.[4]
- FCS & obstáculos.
- Obstáculos & soluções.
- Macroplano FCS.
- Plano de ação – resumo gerencial.

3.6 Problemas, desempenho & metas

3.6.1 Objetivos do formulário

O formulário serve para que sejam feitas as análises necessárias à criação do plano tático contendo sugestões de soluções para problemas encontrados e para que o desempenho do processo seja melhorado.

Ele busca listar os problemas encontrados, o desempenho observado e as metas que estão sendo impactadas pelos dois tipos de ocorrências.

---

4   Fatores Críticos de Sucesso.

Nome da Atividade: (1)	Nome do Macroprocesso / Processo / Subprocesso / Rotina: (2)	Metodologia DOMP™ Id Problemas, Desempenho & Metas – V10	
Nome Papel Funcional (responsável pela atividade): (4)	DATA ORIGINAL (5)	DATA MODIFICAÇÃO: (6)	Fase: (7)	Página (8)	(3)
					(9)

PROBLEMAS / DESEMPENHOS (10)	METAS (11)

Observações: (12)

Analista Responsável: (13) Assinatura: (14)	Gerente de Projeto: (15) Assinatura: (16)	Código do Documento: (17)

Fonte: TRCR Knowledge, 2012.

Formulário Problemas, desempenho & metas.

3.6.2 Campos do formulário

(1) Nome da atividade. O campo Atividades deve conter o nome de cada atividade que tiver sido objeto das análises anteriores. Entretanto, muitas vezes nos deparamos com situações nas quais todas as atividades do processo ou subprocesso não se diferenciam entre si com respeito aos problemas e desempenhos encontrados. Dessa forma, é possível englobarmos todas as atividades nas mesmas sugestões. Isso ocorre geral e principalmente em processos ou subprocessos mais simples, principalmente na indústria de serviços, mas não devemos generalizar essa conclusão, pois parques de diversões são organizações da indústria de entretenimento, produzem serviços e seus processos primários são extremamente complexos.

(2) Nome do processo, do subprocesso ou da rotina. Se, por exemplo, for pertencer a um processo e/ou a um subprocesso, deve-se preencher este campo da seguinte forma: nome do processo/ nome do subprocesso e sublinhar os substantivos Processo e Subprocesso. Se a atividade pertencer a uma rotina, deve-se escrever o nome da rotina e sublinhar o substantivo Rotina.

(3) Logo da organização. Colocar aqui o logotipo da organização à qual pertença o projeto.

(4) Nome do papel funcional responsável pela atividade.

(5) Data original. Este campo deverá ser preenchido com a data do primeiro preenchimento do formulário. Em nenhuma hipótese esta data deve ser atualizada.

(6) Data modificação. Este campo será preenchido automaticamente com a data em que o formulário for aberto no Word ou sistema, independentemente de o formulário ser ou não modificado.

(7) Fase. As fases de um projeto de mapeamento, análise, modelagem, implantação e gerenciamento de processos de negócio são: "As Is" e "Will Be".

(8) Página. Este campo será preenchido automaticamente pelo Word ou sistema com o número de página do formulário, sempre com a notação 1/n.

(9) Logo da Metodologia DOMP™. Este campo não deve ser modificado. Deve conter sempre o logotipo da Metodologia DOMP™, que é marca registrada.

(10) Listar em cada linha um problema ou um baixo desempenho encontrado na atividade.

(11) Estabelecer e listar metas para solucionar o problema encontrado ou para melhorar o desempenho da atividade.

(12) Observações gerais.

(13) Nome do analista responsável pela documentação.

(14) Assinatura do analista responsável pela documentação.

(15) Nome do gerente responsável pela documentação.

(16) Assinatura do gerente responsável pela documentação.

(17) Código do documento. O código do documento só deve ser preenchido se a empresa/instituição/organização tiver uma estrutura de codificação de documentos. Se não houver essa estrutura, deixar o campo em branco, pois ela pode ser criada depois.

3.7 Metas & FCS

3.7.1 Objetivos do formulário

O formulário serve para alinhar a cada meta os respectivos fatores críticos de sucesso. As metas são transportadas do formulário anterior.

92 CAPÍTULO 3

Nome da Atividade: (1)	Nome do Macroprocesso / Processo / Subprocesso / Rotina: (2)		Metodologia DOMP™ Id Metas & FCS – V11 (3)
Nome do papel funcional (responsável pela atividade): (4)	DATA ORIGINAL (5)	DATA MODIFICAÇÃO (6)	Fase: (7) / Página (8) / (9)
METAS (10)		FATORES CRÍTICOS DE SUCESSO (11)	

Observações: (12)

Responsável Geral: (13)	Coordenador: (16)	Código do Documento: (19)
Assinatura: (14)	Assinatura: (17)	
Data: (15)	Data: (18)	

Fonte: TRCR Knowledge, 2012.

Formulário Metas & FCS.

3.7.2 Campos do formulário

(1) Nome da atividade.

(2) Nome do processo, do subprocesso ou da rotina. Se, por exemplo, for pertencer a um processo e/ou a um subprocesso, deve--se preencher este campo da seguinte forma: nome do processo/ nome do subprocesso e sublinhar os substantivos Processo e Subprocesso. Se a atividade pertencer a uma rotina deve-se escrever o nome da rotina e sublinhar o substantivo Rotina.

(3) Logo da organização. Colocar aqui o logotipo da empresa/instituição/organização à qual pertença o projeto.

(4) Nome do papel funcional responsável pela atividade.

(5) Data original. Este campo deverá ser preenchido com a data do primeiro preenchimento do formulário. Em nenhuma hipótese esta data deve ser atualizada.

(6) Data modificação. Este campo será preenchido automaticamente com a data em que o formulário for aberto no Word ou sistema, independentemente de o formulário ser ou não modificado.

(7) Fase. As fases de um projeto de mapeamento, análise, modelagem, implantação e gerenciamento de processos de negócio são: "As Is" e "Will Be".

(8) Página. Este campo será preenchido automaticamente pelo Word ou sistema com o número de página do formulário, sempre com a notação 1/n.

(9) Logo da Metodologia DOMP™. Este campo não deve ser modificado. Deve conter sempre o logotipo da Metodologia DOMP™, que é marca registrada.

(10) Listar as metas estabelecidas no formulário Problemas, desempenhos & metas. O campo Metas contém os resultados que esperamos obter em curto prazo. Por exemplo, eliminação de papel é uma meta que se espera conseguir em todas as atividades do subprocesso documentado aqui.

(11) Descobrir, listar e posteriormente analisar cada fator crítico de sucesso da meta. Não há limites, mas sugiro que apenas os FCS que realmente sejam imprescindíveis façam parte da lista. No campo Fatores críticos de sucesso estão as sugestões que possibilitarão as soluções dos problemas encontrados e a melhoria de desempenho do processo.

Lembre-se de que FCS é uma análise muito objetiva, pois ela nos permite focar no **essencial**, naquilo que efetivamente vai nos permitir evitar e controlar desperdícios.

Por exemplo: imagine que eu diga que vou abrir uma agência de viagens que vai revolucionar o mercado. Nela o cliente vai poder escolher um lugar para viajar, vai entrar numa cabina e imediatamente será teletransportado para o destino escolhido.

Ideia fantástica, não é?

Em pouco tempo eu ficaria bilionário...

Ato seguinte ao da genial ideia: eu alugaria o imóvel onde a agência irá funcionar, compraria os móveis, contrataria o pessoal de atendimento etc. etc. etc.

Tudo bem?

Não, tudo errado, porque me esqueci do fator crítico de sucesso para o empreendimento funcionar: a máquina de transporte de matéria, que ainda não foi inventada, a não ser na franquia *Star Trek*.

Quando focamos nos fatores críticos de sucesso para sugerirmos ou buscarmos o essencial, evitamos um dos grandes desperdícios que podemos ter: a perda de tempo!

(12) Observações gerais.

(13) Nome do responsável geral pela documentação.

(14) Assinatura do responsável geral pela documentação.

(15) Data.

(16) Nome do coordenador responsável.

(17) Assinatura do coordenador responsável pela documentação.

(18) Data.

(19) Código do documento. O código do documento só deve ser preenchido se a empresa/instituição/organização tiver uma estrutura de codificação de documentos. Se não houver essa estrutura, deixar o campo em branco, pois ela pode ser criada depois.

3.8 FCS & obstáculos

3.8.1 Objetivos do formulário

Listar cada obstáculo que impeça o FCS de existir e, por conseguinte, que a meta seja alcançada. Não atingir uma determinada meta impossibilitaria alcançar o próprio objetivo, uma vez que metas estão ligadas a objetivos, sendo a decomposição destes.

Nome da Atividade: (1)	Nome do Macroprocesso / Processo / Subprocesso / Rotina: (2)		Metodologia DOMP™ Id Problemas & Soluções 03 FCS & Obstáculos – V11	(3)
Nome do papel funcional (responsável pela atividade): (4)	DATA ORIGINAL (5)	DATA MODIFICAÇÃO (6)	Fase: (7)	Página (8)
				(9)

FATORES CRÍTICOS DE SUCESSO   (10)

OBSTÁCULOS   (11)

Observações: (12)

Analista Responsável: (13)	Gerente do Projeto: (15)	Código do Documento: (17)
Assinatura: (14)	Assinatura: (16)	

Fonte: TRCR Knowledge, 2012.

Formulário FCS & obstáculos.

3.8.2 Campos do formulário

(1) Nome da atividade.

(2) Nome do processo, do subprocesso ou da rotina. Se, por exemplo, for pertencer a um processo e/ou a um subprocesso, deve-se preencher este campo da seguinte forma: nome do processo/ nome do subprocesso e sublinhar os substantivos Processo e Subprocesso. Se a atividade pertencer a uma rotina, deve-se escrever o nome da rotina e sublinhar o substantivo Rotina.

(3) Logo da organização. Colocar aqui o logotipo da organização à qual pertença o projeto.

(4) Nome do papel funcional responsável pela atividade.

(5) Data original. Este campo deverá ser preenchido com a data do primeiro preenchimento do formulário. Em nenhuma hipótese esta data deve ser atualizada.

(6) Data modificação. Este campo será preenchido automaticamente com a data em que o formulário for aberto no Word ou sistema, independentemente de o formulário ser ou não modificado.

(7) Fase. As fases de um projeto de mapeamento, análise, modelagem, implantação e gerenciamento de processos de negócio são: "As Is" e "Will Be".

(8) Página. Este campo será preenchido automaticamente pelo Word ou sistema com o número de página do formulário, sempre com a notação 1/n.

(9) Logo da Metodologia DOMP™. Este campo não deve ser modificado. Deve conter sempre o logotipo da Metodologia DOMP™, que é marca registrada.

(10) Listar cada fator crítico de sucesso para que a meta se concretize.

(11) Listar tantos obstáculos quantos existam para a realização do fator crítico de sucesso.

(12) Observações gerais.

(13) Nome do analista responsável pela documentação.

(14) Assinatura do analista responsável pela documentação.

(15) Nome do gerente responsável pela documentação

(16) Assinatura do gerente responsável pela documentação.

(17) Código do documento. O código do documento só deve ser preenchido se a empresa/instituição/organização tiver uma estrutura de codificação de documentos. Se não houver essa estrutura, deixar o campo em branco, pois ela pode ser criada depois.

3.9 Obstáculos & soluções

Neste formulário listamos cada obstáculo e suas possíveis soluções. A letra D no último campo do mesmo deve indicar a disponibilidade da solução proposta.

O formulário serve para que sejam feitas as análises necessárias à criação do plano operacional contendo as soluções para problemas encontrados e para a melhoria do desempenho do processo.

Nome da Atividade: (1)	Nome do Macroprocesso / Processo / Subprocesso / Rotina: (2)	Metodologia DOMP™ Id Obstáculos & Soluções – V11	(3)
Nome do papel funcional (responsável pela atividade): (4)	DATA ORIGINAL (5)	DATA MODIFICAÇÃO: (6)	Fase: (7)	Página (8)	(9)

OBSTÁCULOS (10)	SOLUÇÕES (11)	D (12)

Observações: (13)

D = Disponibilidade.   I = Imediata / M = Médio Prazo / L = Longo prazo

Analista Responsável: (14)	Gerente do Projeto: (16)	Código do Documento: (18)
Assinatura: (15)	Assinatura: (17)	

Fonte: TRCR Knowledge, 2012.

Formulário Obstáculos & soluções.

3.9.1 Campos do formulário

(1) Nome da atividade.

(2) Nome do processo, do subprocesso ou da rotina. Se, por exemplo, for pertencer a um processo e/ou a um subprocesso, deve-se preencher este campo da seguinte forma: nome do processo/ nome do subprocesso e sublinhar os substantivos Processo e Subprocesso. Se a atividade pertencer a uma rotina deve-se escrever o nome da rotina e sublinhar o substantivo Rotina.

(3) Logo da organização. Colocar aqui o logotipo da organização à qual pertença o projeto.

(4) Nome do papel funcional responsável pela atividade.

(5) Data original. Este campo deverá ser preenchido com a data do primeiro preenchimento do formulário. Em nenhuma hipótese esta data deve ser atualizada.

(6) Data modificação. Este campo será preenchido automaticamente com a data em que o formulário for aberto no Word ou sistema, independentemente de o formulário ser ou não modificado.

(7) Fase. As fases de um projeto de mapeamento, análise, modelagem, implantação e gerenciamento de processos de negócio são: "As Is" e "Will Be".

(8) Página. Este campo será preenchido automaticamente pelo Word ou sistema com o número de página do formulário, sempre com a notação 1/n.

(9) Logo da Metodologia DOMP™. Este campo não deve ser modificado. Deve conter sempre o logotipo da Metodologia DOMP™, que é marca registrada.

(10) Listar tantos obstáculos quantos existam para a realização de cada fator crítico de sucesso.

(11) Listar todas as soluções possíveis para remover ou sobrepassar cada obstáculo.

(12) D = Disponibilidade de cada solução. I = Imediata / M = Médio Prazo / L = Longo Prazo

(13) Observações gerais.

(14) Nome do analista responsável pela documentação.

(15) Assinatura do analista responsável pela documentação.

(16) Nome do gerente responsável pela documentação.

(17) Assinatura do gerente responsável pela documentação.

(18) Código do documento. O código do documento só deve ser preenchido se a empresa/instituição/organização tiver uma estrutura de codificação de documentos. Se não houver essa estrutura, deixar o campo em branco, pois ela pode ser criada depois.

3.10 Macroplano & FCS

3.10.1 Objetivos do formulário

O formulário serve para que sejam feitas as análises necessárias à criação do plano contendo sugestões de soluções para problemas encontrados e para que o desempenho do processo seja melhorado.

Nome da Atividade: (1)		Nome do Macroprocesso / Processo / Subprocesso / Rotina: (2)		Metodologia DOMP™ Id Macroplano & FCS – V11		(3)	
Nome do papel funcional (responsável pela atividade): (4)		DATA ORIGINAL (5)	DATA MODIFICAÇÃO (6)	Fase: (7)	Página (8)	(9)	
FCS (10)	SOLUÇÕES (11)	MACROPLANO (implantação) (12)	PONTOS DE CONTROLE (13)	DATA INÍCIO (14)	DATA FINAL (15)	RESPONSÁVEIS (16)	
Observações: (17)							

Analista Responsável: (18) Assinatura: (19)	Gerente do Projeto: (20) Assinatura: (21)	Código do Documento: (22)

Fonte: TRCR Knowledge, 2012.

Formulário Macroplano & FCS.

3.10.2 Campos do formulário

(1) Nome da atividade.

(2) Nome do processo, do subprocesso ou da rotina. Se, por exemplo, for pertencer a um processo e/ou a um subprocesso, deve-se preencher este campo da seguinte forma: nome do processo/ nome do subprocesso e sublinhar os substantivos Processo e Subprocesso. Se a atividade pertencer a uma rotina deve-se escrever o nome da rotina e sublinhar o substantivo Rotina.

(3) Logo da organização. Colocar aqui o logotipo da organização à qual pertença o projeto.

(4) Nome do papel funcional responsável pela atividade.

(5) Data original. Este campo deverá ser preenchido com a data do primeiro preenchimento do formulário. Em nenhuma hipótese esta data deve ser atualizada.

(6) Data modificação. Este campo será preenchido automaticamente com a data em que o formulário for aberto no Word ou sistema, independentemente de o formulário ser ou não modificado.

(7) Fase. As fases de um projeto de mapeamento, análise, modelagem, implantação e gerenciamento de processos de negócio são: "As Is" e "Will Be".

(8) Página. Este campo será preenchido automaticamente pelo Word ou sistema com o número de página do formulário, sempre com a notação 1/n.

(9) Logo da Metodologia DOMP™. Este campo não deve ser modificado. Deve conter sempre o logotipo da Metodologia DOMP™, que é marca registrada.

(10) Este formulário é um resumo geral de todos os outros quatro formulários. Ele serve como um resumo gerencial do plano de soluções e melhorias. Preencher este espaço com a transcrição dos Fatores Críticos de Sucesso listados no formulário Identificação da Matriz Problemas-Soluções 03. Cada espaço deve ser preenchido com um FCS. Podem ser escritos grupos de FCS desde que sejam similares, como tecnologias da informação, por exemplo.

(11) Em cada linha deve ser escrita uma solução listada e analisada no formulário Identificação da Matriz Problemas-Soluções 04.

(12) Preencher com um macroplano para implantação da solução que vai levar o FCS a realizar-se e, consequentemente, atingir a meta estabelecida no formulário Identificação da Matriz Problemas-Soluções 01.

(13) Pontos de controle do macroplano.

(14) Data de início para a execução do macroplano.

(15) Data de término da execução do macroplano.

(16) Responsáveis por cada macroplano.

(17) Observações gerais.

(18) Nome do analista responsável pela documentação.

(19) Assinatura do analista responsável pela documentação.

(20) Nome do gerente responsável pela documentação.

(21) Assinatura do gerente responsável pela documentação.

(22) Código do documento. O código do documento só deve ser preenchido se a empresa/instituição/organização tiver uma estrutura de codificação de documentos. Se não houver essa estrutura, deixar o campo em branco, pois ela pode ser criada depois.

3.11 Plano de ação – Resumo Gerencial

3.11.1 Objetivos do formulário

O formulário Identificação do Plano de ação – resumo gerencial é um extrato (resumo) do formulário Identificação da Ata de Reunião e cujo objetivo é o de permitir o acompanhamento gerencial das ações decididas na reunião.

Nome do Projeto: (1)	Nome do Macroprocesso / Processo / Subprocesso / Rotina: (2)	Metodologia DOMP™ Id. Plano de Ação Resumo Gerencial – V11		(3)
DATA ORIGINAL (4)	DATA MODIFICAÇÃO (5)	Página (6)	Fase: (7)	(8)
ATIVIDADES (9)	AÇÕES (10)	RESPONSÁVEIS (11)	Prioridades (12)	PONTOS DE CONTROLE (13)	DATAS INÍCIO (14)	DATAS FIM (15)
---	---	---	---	---	---	---

Observações: (16)

Prioridades: Cinza-escuro – ALTA; Cinza-claro – MÉDIA; Branco – BAIXA

Analista Responsável: (17)	Gerente do Projeto: (19)	Código do Documento: (21)
Assinatura: (18)	Assinatura: (20)	

Fonte: TRCR Knowledge, 2012.

Formulário Plano de ação – Resumo Gerencial.

3.11.2 Campos do formulário

(1) Nome do projeto.

(2) Nome do Processo/ Subprocesso/ Rotina.

(3) Logo da organização. Colocar aqui o logotipo da organização à qual pertença o projeto.

(4) Data original. Este campo deverá ser preenchido com a data do primeiro preenchimento do formulário. Em nenhuma hipótese esta data deve ser atualizada.

(5) Data modificação. Este campo será preenchido automaticamente com a data em que o formulário for aberto no Word ou sistema, independentemente de o formulário ser ou não modificado.

(6) Página. Este campo será preenchido automaticamente pelo Word ou sistema com o número de página do formulário, sempre com a notação 1/n.

(7) Fase. "As Is" ou "Will Be".

(8) Logo da Metodologia DOMP™. Este campo não deve ser modificado. Deve conter sempre o logotipo da Metodologia DOMP™, que é marca registrada.

(9) Liste as atividades que serão objetos de melhorias de desempenho ou de soluções de problemas.

(10) Liste as melhorias de desempenho e as soluções de problemas que serão implantadas em cada atividade.

(11) Nome de cada responsável por cada ação de melhoria de desempenho ou de solução de problemas.

(12) Prioridade. No original cada coluna tem uma cor. A cor cinza-escuro é de alta prioridade. A cor cinza-claro é de prioridade média. A cor branca, de baixa prioridade.

(13) Liste os pontos de controle do macroplano.

(14) Data para início de cada ação.

(15) Data final de cada ação.

(16) Observações.

(17) Nome do analista ou analistas responsáveis.

(18) Assinatura do analista ou analistas responsáveis.

(19) Nome do gerente responsável pelo projeto.

(20) Assinatura do gerente responsável pelo projeto.

(21) Código do documento. O código do documento só deve ser preenchido se a empresa/instituição/organização tiver uma estrutura de codificação de documentos. Se não houver essa estrutura, deixar o campo em branco, pois ela pode ser criada depois.

Conclusão

O planejamento tático é o primeiro desdobramento do plano estratégico e essencialmente tem por função servir de ponte entre o estratégico e o operacional das organizações.

Enquanto o planejamento estratégico é feito para toda a organização, o planejamento tático é feito em nível de área, envolvendo às vezes apenas um processo de negócio de ponta a ponta.

O planejamento tático é o responsável por criar metas e condições para que os objetivos estabelecidos no planejamento estratégico sejam atingidos. Por se tratar de um planejamento mais específico, as decisões devem ser tomadas por pessoas que ocupam cargos da média administração, o nível entre a alta direção e o operacional.

O plano tático é imprescindível?

Eu diria que a organização até pode prescindir do plano tático. Entretanto, para que o planejamento operacional seja a expressão da verdade prática do planejamento estratégico, é, sim, importante que o tático exista.

Questões para debate

1. Qual o principal objetivo do plano tático?

2. Qual o principal "produto" proveniente da realização de um plano tático?

3. Se você está empregado ou faz estágio, procure saber se sua empresa tem um plano estratégico.

4. Se você está empregado ou faz estágio, procure saber se sua empresa tem um plano tático.

5. Pensando no PPD, em linhas gerais, o que seria um plano tático para você e sua equipe?

4

PLANEJAMENTO OPERACIONAL

Objetivos de aprendizagem

● Aprender a prática do planejamento operacional.

● Aprender como ligar o planejamento operacional ao planejamento estratégico.

● Aprender que, embora pareçam semelhantes, por serem desdobramentos do planejamento estratégico, o planejamento tático e o planejamento operacional não são a mesma coisa.

● Aprender que existem dois tipos de diretrizes e por que ambos são importantes.

● Aprender sobre as etapas do planejamento operacional e como realizá-las.

Temas

● A prática do planejamento operacional.
Como construir um plano operacional ligado aos objetivos da organização.

● A volatilidade dos planos operacionais.
Planos podem sofrer alterações por uma série de causas e, até mesmo, por termos errado em algum deles. O importante é fazer com que a organização tenha no mínimo os planos estratégico e operacional.

● Gerenciar e operar com base nos objetivos.
Um dos principais benefícios oriundos da construção integrada do planejamento operacional ao planejamento estratégico é o de permitir administrar qualquer organização com base nos objetivos traçados para esta.

110 CAPÍTULO 4

Embora pareçam semelhantes por serem desdobramentos do planejamento estratégico, o plano tático e o plano operacional não são a mesma coisa. Ambos se complementam: enquanto um, o tático, preocupa-se com "o que fazer", o outro, o operacional, "detalha como fazer". E é justamente aí que o planejamento operacional chega mais perto do dia a dia das organizações. Para tanto, é preciso definir, adotar, criar os elementos que darão sustentação a tais ações: as diretrizes.

4.1 Diretrizes

Para que possamos criar o planejamento operacional, temos que antes criar, adotar, definir, regulamentar, normatizar as diretrizes que têm a função de orientar a execução do plano operacional.

Sem dúvida, todo o esforço que a organização faz para criar seus planos estratégico e operacional não deve ser em vão, mas pensar que eles devem ser cumpridos a qualquer custo, atropelando a ética, as leis ou as boas práticas de governança está completamente fora de cogitação. É aí que surgem as diretrizes, para orientar as ações da organização.

Existem dois tipos de diretrizes, as quais eu defino assim:

1. As organizacionais, ligadas à criação da missão, da visão e dos valores. Destas já falei no capítulo sobre planejamento estratégico.
2. As gerais, que guiam e orientam a execução das operações da organização.

Os dicionários definem a palavra diretriz como:

"Linha segundo a qual se traça um plano de qualquer caminho. Conjunto de instruções para se levar a termo um negócio ou uma empresa. Linhas gerais que orientam um projeto."[1]

---

[1] Dicionário Michaelis. Disponível em: <http://michaelis.uol.com.br/busca?r=0&f=0&t=0&palavra=diretriz>. Acesso em: 4 jan. 2017.

"Linha a que se deve subordinar. Direção de outras linhas ou a de alguma superfície. Norma, indicação ou instrução que serve de orientação. Diretiva, guia."[2]

Diretrizes são orientações, guias, rumos, leis, políticas, normas e tudo e qualquer documento que sirva de orientação para o funcionamento das operações de qualquer organização.

São o que no inglês é denominado de *guide lines*, linhas mestras porque definem e regulam um traçado ou um caminho a seguir.

Diretrizes são instruções ou orientações para se cumprir um plano, uma ação, um gerenciar e operar um negócio etc.

Saiba mais sobre diretrizes

<http://cnpq.br/diretrizes>

4.2 Exemplo de diretrizes

Políticas. Em qualquer organização, principalmente as comerciais, existem diversas políticas: a financeira, a de crédito, a de pessoal, a comercial etc.

Tomemos por base duas delas, a de crédito e a de pessoal.

A política de crédito orienta os colaboradores na concessão do crédito nas operações de venda para futuros clientes. Ela deve informar sobre as restrições, os limites de crédito em função de determinados parâmetros, quais órgãos devem ser consultados e quais papéis funcionais e respectivas responsabilidades e alçadas devem aprovar o crédito. Entretanto, a política de crédito não diz **como** proceder para definir os limites de crédito, como analisar os dados cadastrais, como acessar os órgãos que poderão dar sustentação à concessão do crédito e como cada papel

---

[2] Dicionário Priberam da Língua Portuguesa [em linha], 2008-2013. Disponível em: <https://www.priberam.pt/dlpo/diretriz>. Acesso em: 4 jan. 2017.

funcional executará suas responsabilidades por meio de respectivos procedimentos e tarefas. O "como" fica a cargo das definições dos processos de negócio, atividades, procedimentos, tarefas e regras de negócio, que, aliás, a rigor são também diretrizes.

Já a política de pessoal define as faixas salariais, os mecanismos que deverão ser usados para a avaliação e promoção dos funcionários etc., mas quem diz como essas ações devem ser feitas são os diversos processos de negócio da administração de pessoal.

Embora eu esteja dando ênfase à criação das diretrizes neste capítulo, chamo a sua atenção para a necessidade de vários tipos estarem ligados também ao planejamento tático. Também não se pode esquecer de que as diretrizes organizacionais já foram criadas no momento da definição da missão, visão e valores. A preocupação para tanto deve ser sempre a de que a organização não pode atropelar a ética, os bons costumes, as leis e, em última instância, a sociedade, seja local, seja global.

4.3 O plano operacional

Embora existam diversas metodologias para criar e executar um planejamento operacional, eu prefiro usar a que desenvolvi e utilizo há muito tempo nas minhas consultorias. Essa parte da metodologia é uma extensão da Metodologia DOMP™.

Plano operacional e respectivas diretrizes devem estar alinhados ao planejamento estratégico.

4.4 Etapas de um planejamento operacional

Liste os objetivos da organização. Planos operacionais devem estar ligados ao planejamento estratégico pelos objetivos criados neste. Os objetivos se transformarão em metas no decorrer do planejamento operacional, quando da criação ou melhoria dos processos de negócio.

Esses objetivos estão listados, com riqueza de detalhes, no formulário Objetivo_Atividades_Proc_SubProc_Rot e cuja descrição detalhada dos seus campos está no Capítulo 2 – Planejamento Estratégico.

Objetivo (1)

Estratégia (2)

Metodologia DOMP™
Id. Planejamento Estratégico
Objetivo_Atividades / Proc /
Subproc / Rot V11

(3)

DATA ORIGINAL (4)	DATA MODIFICAÇÃO (5)	DATA PRÓXIMA REVISÃO (6)	Página 1 de 1 (7)

(8)

Atividades Sugeridas	Processos / Subprocessos / Rotinas	processOgrama associado	Pontos de Controle											
			Jan	Fev	Mar	Abr	Maio	Jun	Jul	Ago	Set	Out	Nov	Dez
(9)	(10)	(11)	(12)											

Analista responsável: (13)
Assinatura: (14)
Data: (15)

Gerente do projeto: (16)
Assinatura: (17)
Data: (18)

Observações: (19)

Legenda: Feito | Atenção | Atrasado

Responsável Geral: (20)	Coordenador: (22)	Código do Documento: (25)
Assinatura: (21)	Assinatura: (23)	
	Data: (24)	

Fonte: TRCR Knowledge, 2012.

Formulário Objetivo_Atividades_Proc_SubProc_Rot.

4.5 Como construir o plano operacional

Cada objetivo tem ligado a si, direta ou indiretamente, um ou vários processos. Mas os objetivos são resultados que esperamos alcançar em longo prazo, às vezes muito longo prazo mesmo. Então, como vivemos a curtíssimo prazo, dia a dia, minuto a minuto, é preciso desenvolver o *modus operandi* da organização (a rigor esse mesmo método serve para nossa vida pessoal).

Neste formulário temos todas as informações de que necessitamos para fazer o planejamento operacional.

O plano operacional nada mais é do que a conceituação dos processos, primários e secundários, que permitirão que a organização opere. Evito qualquer outra abordagem nas minhas consultorias e aulas por acreditar que o plano operacional finalmente nos dá a possibilidade, a oportunidade de chegarmos ao concreto das intenções dos planos estratégico e tático.

Após utilizarmos o formulário Objetivo_Atividades_Proc_SubProc_ Rot, vamos começar a detalhar em nível macro cada processo, subprocesso e rotina que contenham cada uma das atividades ligadas ao objetivo que estamos documentando.

O plano operacional será construído com um conjunto de formulários, listados aqui em três etapas:

1. Construa a identidade de cada processo ligado direta ou indiretamente a cada objetivo criado no planejamento estratégico por meio do formulário Info_Objetivo_Atividades_Proc_SubProc_Rot.

2. Atribua meta ou metas a cada atividade existente em cada processo por meio do formulário Info_Atividades_&_Metas.

3. Atribua orçamento a cada atividade por meio do formulário Info_Atividade_Orçamento.

Começamos construindo a identidade de cada processo, de forma a permitir acompanharmos as operações do dia a dia.

4.6 Formulário Info_prOcesso

4.6.1 Objetivos do formulário

O formulário Info_prOcesso tem por objetivo principal conceituar cada processo listado no formulário Objetivo_Atividades_Proc_Sub-Proc_Rot a fim de propiciar a criação dos procedimentos que permitirão à organização operar seu dia a dia.

Neste formulário ainda não iremos detalhar com precisão cada processo, subprocesso, rotina e suas respectivas atividades. Ele serve mais como um mapa geral de cada processo levantado no formulário Objetivo_Atividades_Proc_SubProc_Rot, pois neste formulário podem ter sido listadas atividades de diversos processos com base em cada objetivo criado no planejamento estratégico e respectiva estratégia.

Nome do Processo: (1)		Metodologia DOMP™ Id.Info_prOcesso_R V11	(2)
Objetivo (3)	Estratégia (4)	Gerente do Processo: (5)	
DATA ORIGINAL (6)	DATA MODIFICAÇÃO: (7)	Página (8)	(9)

OBJETIVO(S) DO PROCESSO (10)

DESCRIÇÃO DO PROCESSO (11)

PROCESSOS / SUBPROCESSOS / ROTINAS (S=Subprocesso / R=Rotina)			
#	S_R	Nome	Gerente do Subprocesso
(12)	(13)	(14)	(15)

ATIVIDADES QUE COMPÕEM O PROCESSO (tipo pode ser G = Gerencial ou O = Operacional)							
#	Atividades	Tipo	#	Atividades	Tipo	#	Atividades	Tipo
(16)	(17)	(18)	(19)	(20)	(21)	(22)	(23)	(24)

Continua

Nome do Processo: (1)			Metodologia DOMP™ Id.Info_prOcesso_R V11		(2)
Objetivo (3)		Estratégia (4)	Gerente do Processo: (5)		
DATA ORIGINAL (6)		DATA MODIFICAÇÃO: (7)		Página (8)	 (9)

ÁREAS QUE SUPORTAM O PROCESSO			
Raízes Funcionais	Áreas Operacionais	Qtd. MO	Geolocalizações (País / Estado / Cidade)
(25)	(26)	(27)	(28)

Observações: (29)

Responsável Geral: (30) Assinatura: (31)	Coordenador: (32) Assinatura: (33)	Código do Documento: (34)

Fonte: TRCR Knowledge, 2012.

Formulário Info_prOcesso.

4.6.2 Campos do formulário

(1) Nome do processo.

(2) Logo da organização. Colocar aqui o logotipo da organização à qual pertença o projeto.

(3) Objetivo. A principal informação, pois é a partir de cada objetivo que os desdobramentos serão feitos. Objetivo é o resultado que a organização espera alcançar em longo prazo. Deve ser preenchido um formulário para cada objetivo separadamente.

(4) Estratégia. Estratégias são ações planejadas, mas ainda não detalhadas, para permitir à organização alcançar seus objetivos.

(5) Nome do gerente do processo.

(6) Data original. Este campo deverá ser preenchido com a data do primeiro preenchimento do formulário. Em nenhuma hipótese esta data deve ser atualizada.

(7) Data modificação. Este campo será preenchido automaticamente com a data em que o formulário for aberto no Word ou sistema, independentemente de o formulário ser ou não modificado.

(8) Página. Este campo será preenchido automaticamente pelo Word ou sistema com o número de página do formulário, sempre com a notação 1/n.

(9) Logo da Metodologia DOMP™. Este campo não deve ser modificado. Deve conter sempre o logotipo da Metodologia DOMP™, que é marca registrada.

(10) Objetivos do processo.

(11) Descrição detalhada do processo.

(12) #. Número sequencial.

(13) S_R. Se existirem subprocessos ou rotinas no processo coloque a sigla correta, S para subprocessos e R para rotinas.

(14) Escreva o nome de cada subprocesso ou rotina existente no processo.

(15) Escreva o nome do gerente do processo ou subprocesso.

(16) #. Número sequencial.

(17) Nome de cada atividade do processo. Na primeira vez que este formulário for preenchido, as atividades serão as planejadas para existirem no processo, independentemente se as mesmas forem existir em um subprocesso ou rotina. Entretanto, à medida que o mesmo for revisado deverá conter os nomes das atividades que realmente façam parte do processo.

(18) Tipo. A atividade pode ser gerencial ou operacional.

(19) (20) (21) (22) (23) e (24) repetir os números (16) (17) e (18).

(25) Raízes funcionais são as responsáveis pelas áreas que participam de forma operacional do processo. Por exemplo: Contas a Receber como área operacional de um processo de cobrança estará sob a responsabilidade da Tesouraria, que é a raiz funcional responsável pela área de Contas a Receber.

(26) Área Operacional.

(27) Quantidade de mão de obra existente na área. Deve englobar inclusive os funcionários que estejam espalhados por outros locais na mesma área.

(28) Geolocalização da área. Onde, em termos geográficos, existe a mesma área em cidades, estados ou até mesmo países.

(29) Observações. Qualquer observação relevante.

(30) Analista responsável.

(31) Assinatura.

(32) Gerente do projeto.

(33) Assinatura.

(34) Código do documento.

4.7 Formulário Info_Atividades_&_Metas

Atribua meta ou metas a cada atividade. Parte importante do planejamento operacional é a atribuição de meta ou metas para cada atividade listada como parte do processo no formulário Info_prOcesso.

Para esta etapa, usaremos o formulário Info_Atividades_&_Metas.

4.7.1 Objetivos do formulário

O formulário Info_Atividades_&_Metas tem por objetivo principal conceituar cada atividade listada em cada processo no formulário Info_prOcesso para que, a partir daí, se construa os procedimentos que darão suporte à operação da organização.

Nome da Atividade: (1)	Nome do Processo / Subprocesso / Rotina: (2)	Metodologia DOMP Id. Info_Atividade V11	(3)
Tipo da Atividade: (4)	Periodicidade da Atividade: (5)	Período de funcionamento: (6)	Fase: (7)	
Papel Funcional: (8)		DATA ORIGINAL (9)	DATA DE MODIFICAÇÃO (10)	Página: (11)	(12)

OBJETIVO(S) DA ATIVIDADE (13)

DESCRIÇÃO DA ATIVIDADE   (14)

PRODUTO(S) DA ATIVIDADE (por *cycle time*)

Primários	Qtds.	Secundários	Qtds.
(15)	(16)	(17)	(18)

INFORMAÇOES SOBRE OCORRÊNCIAS

NÚMERO DE OCORRÊNCIAS QUE INICIAM A ATIVIDADE		PERIODICIDADE	TIPO DE DISTRIBUIÇÃO
MÍNIMO	MÁXIMO		
(19)	(20)	(21)	(22)

Continua

122 CAPÍTULO 4

Nome da Atividade: (1)	Nome do Processo / Subprocesso / Rotina: (2)	Metodologia DOMP Id. Info_Atividade V11 (3)
Tipo da Atividade: (4)	Periodicidade da Atividade: (5)	Período de funcionamento: (6) / Fase: (7)
Papel Funcional: (8)	DATA ORIGINAL (9)	DATA DE MODIFICAÇÃO (10) / Página: (11) / (12)

METAS & MÉTRICAS

Metas	Métricas	Pontos de Controle (25)												Qtds. (Func Resp) (26)
		Jan	Fev	Mar	Abr	Maio	Jun	Jul	Ago	Set	Out	Nov	Dez	
(23)	(24)													

Fonte: TRCR Knowledge, 2012.

Formulário Info_Atividades_&_Metas – parte I.

4.7.2 Campos do formulário

(1) Nome da atividade. O nome da atividade deve ser um substantivo.

(2) Nome do processo, do subprocesso ou da rotina. Se a atividade pertencer a um processo e/ou subprocesso, deve-se preencher este campo da seguinte forma: nome do processo/ nome do subprocesso e sublinhar os substantivos Processo e Subprocesso. Se a atividade pertencer a uma rotina deve-se escrever o nome da rotina e sublinhar o substantivo Rotina.

(3) Logo da organização. Colocar aqui o logotipo da organização à qual pertença o projeto.

(4) Tipo da atividade pode ser gerencial ou operacional.

(5) Periodicidade da atividade. De quanto em quanto tempo a atividade é executada. Pode ser continuamente, sob demanda, diariamente, semanalmente, mensalmente, anual etc.

(6) Período de funcionamento. Especificar dias e horários de execução da atividade. Por exemplo: de segunda a sexta, 8h às 17h.

(7) Fase. As fases do projeto são: "As Is" e "Will Be".

(8) Nome do papel funcional responsável pela atividade. Lembre-se de que cada atividade deve ter um papel funcional responsável por ela. Um papel funcional pode ser responsável por várias atividades. Um mesmo papel funcional pode ser representado por vários funcionários.

(9) Data original. Este campo deverá ser preenchido com a data do primeiro preenchimento do formulário. Em nenhuma hipótese esta data deve ser atualizada.

(10) Data modificação. Este campo será preenchido automaticamente com a data em que o formulário for aberto no Word ou sistema, independentemente de o formulário ser ou não modificado.

(11) Página. Este campo será preenchido automaticamente pelo Word ou sistema com o número de página do formulário, sempre com a notação 1/n.

(12) Logo da Metodologia DOMP™. Este campo não deve ser modificado. Deve conter sempre o logotipo da Metodologia DOMP™, que é marca registrada.

(13) Objetivos da atividade dentro do processo.

(14) Descrição da atividade. O que é que a atividade **deve** fazer no processo em que se encontra.

(15) Produtos primários produzidos pela atividade a cada *cycle time*. *Cycle time* (tempo de ciclo) é o tempo total decorrido desde que uma ocorrência entra na atividade até que essa mesma ocorrência saia da atividade processada.

(16) Quantidade de produtos primários produzidos pela atividade a cada tempo de ciclo.

(17) Produtos secundários produzidos pela atividade cada vez que um produto primário é produzido.

(18) Quantidade de produtos secundários produzidos pela atividade cada vez que um produto primário é produzido.

(19) Número mínimo de ocorrências necessárias para que a atividade seja executada. Exemplo: um pedido de cliente, uma solicitação de transporte etc. Existem atividades que são executadas com uma ocorrência apenas; outras só são executadas em lotes. Ou ainda pode ser um número variável.

(20) Número máximo de ocorrências necessárias para que a atividade seja executada. Exemplo: um pedido de cliente, uma solicitação de transporte etc. Existem atividades que são executadas com uma ocorrência apenas; outras só são executadas em lotes. Ou ainda pode ser um número variável.

(21) Periodicidade em que chegam as ocorrências. Note que não é o mesmo que a periodicidade da atividade, pois nem sempre a atividade é executada logo que chega uma ocorrência. Pode ser diária, semanal, mensal, esporádica, variável.

(22) Como as ocorrências chegam em termos estatísticos. Normal, distribuídas ao longo do período de trabalho. Uniforme, concentradas num determinado intervalo ou variável.

(23) As metas que devem ser alcançadas pela atividade.

(24) Nomes das métricas que servirão para aferir o cumprimento de cada meta.

(25) Ponto de Controle de cada meta em meses, genericamente, pois serão detalhadas na documentação de processos.

(26) Quantidade de funcionários responsáveis pela meta atribuída à atividade.

Nome da Atividade: (1)		Nome do Processo / Subprocesso / Rotina: (2)		Metodologia DOMP Id. Info_Atividades_&_Metas V11	(3)
Tipo da Atividade: (4)	Periodicidade da Atividade: (5)	Período de funcionamento: (6)		Fase: (7)	
Papel Funcional responsável: (8)	DATA ORIGINAL (9)	DATA DE MODIFICAÇÃO (10)		Página: (11)	(12)

GEOLOCALIZAÇÕES DA ATIVIDADE E QUANTIDADES DE MÃO DE OBRA					
Locais (Cidade / Estado / País)	Qtds	Locais (Cidade / Estado / País)	Qtds	Locais (Cidade / Estado / País)	Qtds
(27)	(28)	(29)	(30)	(31)	(32)
OBSERVAÇÕES (Diferenças e/ou detalhes existentes entre atividades iguais num mesmo processo, porém em locais diversos)					
(33)					
INFORMAÇÕES SOBRE CRITICIDADES					
(34)					
EXCEÇÕES			PLANOS DE CONTINGÊNCIA		
(35)			(36)		

Continua

Nome da Atividade: (1)	Nome do Processo / Subprocesso / Rotina: (2)	Metodologia DOMP Id. Info_Atividades_&_Metas V11	(3)
Tipo da Atividade: (4)	Periodicidade da Atividade: (5)	Período de funcionamento: (6)	Fase: (7)	
Papel Funcional responsável: (8)	DATA ORIGINAL (9)	DATA DE MODIFICAÇÃO (10)	Página: (11)	(12)

RISCOS ASSOCIADOS À ATIVIDADE				
Riscos (37)				CAUSA (38)
Físico	E	M	L	
Químico	E	M	L	
Biológico	E	M	L	
Mecânico	E	M	L	
Ergonômico	E	M	L	
Emocional	E	M	L	

Observações: (39)

E = Elevado / M = Médio / L = Leve

E = Elevado / M = Médio / L = Leve

Analista Responsável: (40) Assinatura: (41)	Gerente do Projeto: (42) Assinatura: (43)	Código do Documento: (44)

Fonte: TRCR Knowledge, 2012.

Formulário Info_Atividades_&_Metas – parte II.

128 CAPÍTULO 4

(27) (Geolocalizações da atividade e quantidades de mão de obra). Listar onde, em termos geográficos, está ou estará a atividade.

(28) (Geolocalizações da atividade e quantidades de mão de obra). Quantidade de mão de obra.

(29) (Geolocalizações da atividade e quantidades de mão de obra). Listar onde, em termos geográficos, está ou estará a atividade.

(30) (Geolocalizações da atividade e quantidades de mão de obra). Quantidade de mão de obra.

(31) (Geolocalizações da atividade e quantidades de mão de obra). Listar onde, em termos geográficos, está ou estará a atividade.

(32) (Geolocalizações da atividade e quantidades de mão de obra). Quantidade de mão de obra.

(33) Observações. Diferenças e/ou detalhes existentes entre atividades iguais num mesmo processo, porém em locais diversos.

(34) Informações sobre criticidades inerentes à atividade.

(35) Exceções que podem ocorrer na execução da atividade.

(36) Planos de contingência para tratar as exceções caso elas ocorram.

(37) Marcar com um X o nível de cada risco em cada tarefa. Níveis dos riscos, E = Elevado / M = Médio / L = Leve.

(38) Causas dos riscos ligados à atividade.

(39) Observações gerais.

(40) Nome do analista responsável pela documentação.

(41) Assinatura do analista responsável pela documentação.

(42) Nome do gerente responsável pela documentação

(43) Assinatura do gerente responsável pela documentação.

(44) Código do documento. O código do documento só deve ser preenchido se a empresa/instituição/organização tiver uma estrutura de codificação de documentos. Se não houver essa estrutura, deixar o campo em branco, pois ela pode ser criada depois.

4.8 Formulário Info_Atividade_Orçamento

Todo plano necessita de recursos financeiros, dinheiro, para ser realizado. Logo, com o plano operacional, não poderia ser diferente.

O formulário Info_Atividade_Orçamento permite que os responsáveis por fazer o plano operacional atribuam os recursos financeiros necessários para que este possa ser operacionalizado.

4.8.1 Objetivos do formulário

O formulário Info_Atividade_Orçamento tem por objetivo principal orçar os recursos financeiros de cada atividade de cada processo listado nos formulários Info_prOcesso e Info_Atividades_&_Metas, para que cada atividade tenha condições de produzir parte do produto de processo, seja primário, seja secundário, operacional ou gerencial.

Objetivo (1)		Estratégia (2)		Metodologia DOMP™ Id. Info_Atividade_Orçamento – V11		(3)	
DATA ORIGINAL (4)		**DATA MODIFICAÇÃO** (5)		**DATA PRÓXIMA REVISÃO** (6)		Página 1 de 1 (7)	(8)

Atividades Sugeridas	Orçamento (R$ mil)	Realizado											
		Jan	Fev	Mar	Abr	Maio	Jun	Jul	Ago	Set	Out	Nov	Dez
(9)	(10)	(11)											

Analista responsável: (12)	Gerente do projeto: (15)
Assinatura: (13)	Assinatura: (16)
Data: (14)	Data: (17)
Observações: (18)	

Responsável Geral: (19)	Coordenador: (22)	Código do Documento: (25)
Assinatura: (20)	Assinatura: (23)	
Data: (21)	Data: (24)	

Fonte: TRCR Knowledge, 2012.

Formulário Info_Atividade_Orçamento.

4.8.2 Campos do formulário

(1) Nome do objetivo ao qual o processo está direta ou indiretamente ligado.

(2) Nome do processo.

(3) Logo da organização. Colocar aqui o logotipo da organização à qual pertença o projeto.

(4) Data original. Este campo deverá ser preenchido com a data do primeiro preenchimento do formulário. Em nenhuma hipótese esta data deve ser atualizada.

(5) Data modificação. Este campo será preenchido automaticamente com a data em que o formulário for aberto no Word ou sistema, independentemente de o formulário ser ou não modificado.

(6) Data da próxima revisão.

(7) Página. Este campo será preenchido automaticamente pelo Word ou sistema com o número de página do formulário, sempre com a notação 1/n.

(8) Logo da Metodologia DOMP™. Este campo não deve ser modificado. Deve conter sempre o logotipo da Metodologia DOMP™, que é marca registrada.

(9) Atividades ligadas à estratégia que levará à realização do objetivo.

(10) Orçamento.

(11) Realizado. Os meses nos quais devem feitas as revisões do orçamento.

(12) Nome do analista responsável pela reunião.

(13) Assinatura do analista responsável pela reunião.

(14) Data da assinatura do documento.

(15) Gerente do projeto. O nome do gerente responsável pelo projeto.

(16) Assinatura. Assinatura do gerente do projeto.

(17) Data da assinatura do documento.

132 CAPÍTULO 4

(18) Observações. Qualquer observação relevante que não tenha se encaixado nos assuntos ou tarefas discutidas na reunião.

(19) Analista responsável. O nome do analista responsável pelo projeto.

(20) Assinatura. Assinatura do analista responsável pelo projeto.

(21) Data.

(22) Gerente do projeto. O nome do gerente responsável pelo projeto.

(23) Assinatura. Assinatura do gerente do projeto.

(24) Data.

(25) Código do documento.

Por fim, mas não menos importante, chamo a atenção para a necessidade de revisarmos o planejamento operacional periodicamente. Não hesite nem tenha receio de que possam dizer que o planejamento operacional teria sido malfeito. Planos são feitos para que possam ser revisados e atualizados periodicamente e sempre que necessário.

Planos operacionais, e a rigor o estratégico e o tático, podem sofrer alterações por uma série de causas, entre elas a volatilidade dos mercados, a dinâmica da economia mundial, novas tecnologias da informação, novas metodologias, novas ideias e, por fim, por temos errado em algum ponto desses planejamentos.

Conclusão

Embora pareçam semelhantes por serem desdobramentos do planejamento estratégico, o plano tático e o plano operacional não o são. O plano tático traça as linhas gerais operacionais da organização, enquanto o plano operacional detalha a operação, o que deve ser feito pela organização.

É justamente por esta característica que o plano operacional desce até os processos de negócio operacionais, e é também por isso que, se os processos não estiverem formalmente documentados, não poderão ser executados com segurança, o que coloca o plano operacional em risco, ou, na melhor das hipóteses, completamente inoperante.

Vimos, também, que existem dois tipos de diretrizes que defino como:

1. Organizacionais, ligadas à criação da missão, da visão e dos valores. Destas já falei no capítulo sobre planejamento estratégico.
2. Gerais, que guiam e orientam a execução das operações da organização.

E lembre-se de que todos os planos que fazemos podem sofrer alterações por uma série de causas, entre elas a volatilidade dos mercados, a dinâmica da economia mundial, novas tecnologias da informação, novas metodologias, novas ideias e, por fim, por temos errado em algum ponto desses planejamentos, seja o estratégico, o tático ou o operacional.

Questões para debate

1. Crie um plano operacional que repita o plano estratégico criado para o lançamento do PPD.

2. Destaque os pontos mais importantes do plano operacional criado por você para o lançamento do PPD.

3. Como se dá a ligação do plano operacional com os processos de negócio?

4. Por que os processos de negócio devem ser criados ou estar alinhados ao plano estratégico?

5. Explique a figura a seguir.

- O que ela representa?
- Por que as metas estão ligadas aos objetivos nos dois sentidos?
- Por que as metas estão ligadas aos planos tático e operacional?

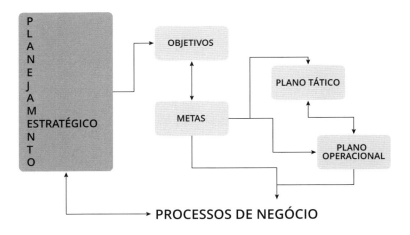

5

ORÇAMENTOS DE INVESTIMENTOS & OPERACIONAL

Objetivos de aprendizagem

- Aprender a prática do orçamento de investimentos e do orçamento operacional.

- Aprender que o orçamento de investimentos pode ser feito tanto para a aquisição de bens quanto para a aquisição de serviços na execução do plano estratégico.

- Aprender como realizar as etapas da construção do orçamento de investimentos.

- Aprender como é importante para os dois tipos de orçamento que os planejamentos estratégico e operacional sejam cuidadosamente construídos.

Temas

- A prática do orçamento de investimento.
  Como construir um orçamento de investimento que contemple o desenvolvimento de cada objetivo criado no planejamento estratégico.

- A prática do orçamento operacional.
  Como construir um orçamento de operacional que efetivamente represente o dia a dia da organização.

- Os ajustes dos dois tipos de orçamento.
  Como e por que reestimar com frequência os dois tipos de orçamento, a fim de ajustá-los ao dinamismo inerente às organizações.

136 CAPÍTULO 5

● É possível viver sem chutes?
Mesmo com todo o cuidado possível, as probabilidades, as incertezas, os imponderáveis estão sempre presentes em qualquer plano, por melhor que ele tenha sido construído.

A rigor existem dois tipos de orçamentos: o de investimento e o operacional. Um voltado a suportar os objetivos criados no planejamento estratégico; o outro criado para permitir as operações diárias da organização.

5.1 Orçamento de investimentos

Orçamento de investimentos é o plano financeiro construído para orçar os gastos que deverão ser realizados pela organização na aquisição de bens como máquinas, equipamentos, veículos, móveis, ferramentas, recursos de informática (hardware e/ou software), ou até mesmo em treinamentos e capacitações dos colaboradores. Esse tipo de investimentos é conhecido como investimentos estratégicos, pois, como o próprio nome sugere, contribui diretamente para criar, melhorar e ampliar as condições operacionais da organização.

O orçamento de investimentos foi criado no desdobramento do planejamento estratégico.

Para construí-lo, os participantes do planejamento estratégico têm que estimar ou buscar informações sobre o quanto irá custar à organização cada atividade programada para que cada estratégia seja executada.

O orçamento de investimentos pode ser feito tanto para bens quanto para serviços que necessitem ser adquiridos na execução do plano estratégico.

Reproduzo a seguir o formulário no qual este orçamento foi feito.

Objetivo (1)		Nome do Processo (2)					Metodologia DOMP™ Id. Planejamento Estratégico - Atividades & Orçamento I – V11					(3)	

DATA ORIGINAL (4)		DATA MODIFICAÇÃO (5)		DATA PRÓXIMA REVISÃO (6)			Página (7)	

(8)

Atividades	Orçamento (R$ mil)	Realizado											
		Jan	Fev	Mar	Abr	Maio	Jun	Jul	Ago	Set	Out	Nov	Dez
(9)	(10)	(11)											

Analista responsável: (12)	Gerente do projeto: (15)
Assinatura: (13)	Assinatura: (16)
Data: (14)	Data: (17)

Observações: (18)

Responsável Geral: (19)	Coordenador: (22)	Código do Documento: (25)
Assinatura: (20)	Assinatura: (23)	
Data: (21)	Data: (24)	

Fonte: TRCR Knowledge, 2012.

Formulário Planejamento Estratégico – Atividades & Orçamento I.

Fazer a orçamentação do planejamento estratégico não é uma tarefa das mais fáceis. Para orçar algumas ou mesmo várias atividades, muitas vezes é preciso contar com especialistas ou, no mínimo, com pessoas que tenham experiência com tais atividades orçadas.

5.2 Para construir o orçamento de investimentos

A mecânica de construção do planejamento estratégico e o seu respectivo orçamento varia de uma metodologia para outra, podendo mesmo nem existir uma metodologia por trás do trabalho de construção do plano.

A rigor, muitas empresas nem sequer têm um plano estratégico, o que reduz suas chances de sucesso empresarial.

Na minha metodologia, que uso para realizar um planejamento estratégico, a sequência de operações se dá da seguinte forma:

1. Começo enviando uma carta aos futuros participantes do planejamento estratégico, convidando-os para a realização do mesmo e dando algumas orientações sobre como tal planejamento deverá se realizar. Os participantes devem ser os membros da direção ou, em alguns casos, o dono e seus mais diretos colaboradores. É importante que não se envolvam os níveis médio e operacional para que as discussões possam ser francas, objetivas e sem discussões intermináveis.

   O número e quais níveis organizacionais devem participar do planejamento estratégico vão depender do tipo da empresa, da sua composição societária e, até mesmo, do tipo de produto que produz.

   Certa vez construí um plano estratégico com um só participante, o dono, já que ele possuía 99% das ações da empresa e, diga-se de passagem, era uma empresa de pequeno-médio porte.

2. Peço que todos pensem em alguns pontos que deverão ser trazidos, apresentados e debatidos nas primeiras sessões do

planejamento estratégico. Lembre-se de que o planejamento estratégico deve responder às seguintes perguntas:

- Quem somos nós?
- O que nós fazemos?
- Por que fazemos?
- Onde estamos?
- Onde queremos chegar?
- O que poderíamos vir a fazer?
- O que valorizamos?
- Quem são nossos concorrentes?
- Quem são os nossos clientes?
- Quem são os nossos potenciais clientes?
- A quais leis estamos submetidos?

3. Envio os formulários, com explicações sobre cada campo, para todos. Agindo dessa forma, espero que todos já cheguem familiarizados com o que buscamos discutir, planejar e como iremos preencher tais formulários.

4. Abro a primeira sessão com uma explicação de trinta minutos falando sobre o que é planejamento estratégico, a importância do mesmo, o que buscamos nas sessões e como deve ser a participação de cada um nos trabalhos para que sejamos o mais produtivos possível.

5. A seguir, começo revisando ou criando, caso não haja, as diretrizes organizacionais: visão, missão e valores. Estes darão o norte, o prumo das futuras discussões.

6. Peço que todos leiam as respostas que prepararam para as perguntas que enviei previamente.

Todo o resultado da sequência a seguir está demonstrado nos formulários a seguir reproduzidos. Observe a sequência de criação objetivo--estratégias-plano de ações.

7. A seguir, começamos o planejamento estratégico propriamente dito por criar cada um dos objetivos.

O planejamento estratégico pode dar origem a tantos objetivos quantos forem necessários para sua realização. Teoricamente, a quantidade de objetivos pode variar de um a "n". Neste projeto em particular[1] foram criados doze objetivos.

O formulário a seguir deve ser preenchido à medida que forem sendo criados cada objetivo e suas estratégias.

---

[1] Estes exemplos são reais. Foram extraídos de um plano estratégico verdadeiro que realizei para uma universidade. Os nomes e as referências que pudessem identificá-la foram omitidos.

Planejamento Estratégico 2012-2020				Metodologia DOMP™ Identificação Planejamento Estratégico Resumo Geral					
DATA ORIGINAL 01/07/2012		**DATA MODIFICAÇÃO**		**DATA PRÓXIMA REVISÃO** 2013		Página 1 de 2			

Objetivos	Responsáveis	Estratégias	Indicadores de Desempenho	Metas							
				2011		2012		2013		2014	2020
				P	A	P	A	P	A	Planj.	Planj.
Objetivo 1 Consolidar a Universidade como instituição de referência e qualidade entre as melhores universidades do Brasil.		1. Desenvolver ações para alcançar os melhores conceitos nas avaliações externas institucionais dos cursos de graduação e nas avaliações de desempenho dos estudantes realizadas pelo MEC.	1. Índice de satisfação dos alunos de graduação (total e por curso).	4,2		4,2	4,2	4,3		4,5	4,9
		2. Aprimorar o processo permanente de autoavaliação institucional e sua articulação com o PDI e o planejamento estratégico.	2. Média de Estrelas no Guia do Estudante.	3,7		4,0	3,7	4,3		4,5	4,8
		3. Manter atualizados e adequados os recursos de apoio à docência, tais como: bibliotecas, recursos tecnológicos, laboratórios, espaços físicos.	3. Média de Estrelas no Guia do Estudante.	3		4	4,0	4,2		4,4	4,7
		4. Desenvolver ações para reduzir a evasão.	4. Número de candidatos inscritos por vaga (total e por curso).	3,4		3,5	5,1	3,6		3,8	4,0
		5. Desenvolver ações para preencher as vagas ofertadas pela Universidade.	5. Percentual de matriculados por vaga (total e por curso).	82%		83%	90,1%	84%		86%	90%

Continua

142 CAPÍTULO 5

Planejamento Estratégico 2012-2020				Metodologia DOMP™					
				Identificação Planejamento Estratégico Resumo Geral					
DATA ORIGINAL 01/07/2012		DATA MODIFICAÇÃO		DATA PRÓXIMA REVISÃO 2013			Página 2 de 2		

Objetivos	Responsáveis	Estratégias	Indicadores de Desempenho	Metas									
				2011		2012		2013		2014		2020	
				P	A	P	A	P	A	Planj.		Planj.	
		6. Consolidar a atuação da TV da Universidade na área das comunicações como polo de apoio, desenvolvimento tecnológico e divulgação das ações acadêmicas, institucionais e confessionais.	6. Taxa de evasão	26%		25%	27,1%	24%		22%		16%	

Responsável Geral:	Coordenador:	Código do Documento:
Assinatura:	Assinatura:	

Fonte: TRCR Knowledge, 2012.

Formulário Resumo geral do planejamento estratégico.

8. Para cada objetivo criamos várias estratégias que, pelo menos em tese, irão garantir o cumprimento do objetivo. Digo em tese porque a criação do plano estratégico é somente o alicerce do *modus operandi* da organização. Será necessário garantir que tudo que vier a ser planejado no estratégico, no tático e no operacional será executado.

Objetivo 1
Consolidar como instituição de referência e qualidade entre as melhores universidades do Brasil.

Metodologia DOMP™
Identificação Planejamento Estratégico Plano de Ação

DATA ORIGINAL 01/07/2012	DATA MODIFICAÇÃO	DATA REVISÃO 2013	Página 1 de 1	Pontos de Controle

Estratégias

1. Desenvolver ações para alcançar os melhores conceitos nas avaliações externas institucionais dos cursos de graduação e nas avaliações de desempenho dos estudantes realizadas pelo MEC.
2. Aprimorar o processo permanente de autoavaliação institucional e sua articulação com o PDI e o planejamento estratégico.
3. Manter atualizados e adequados os recursos de apoio à docência, tais como: bibliotecas, recursos tecnológicos, laboratórios, espaços físicos.
4. Desenvolver ações para reduzir a evasão.
5. Desenvolver ações para preencher as vagas ofertadas pela Universidade.
6. Consolidar a atuação da TV universitária na área das comunicações como polo de apoio, desenvolvimento tecnológico e divulgação das ações acadêmicas, institucionais e confessionais.

Indicadores de Desempenho	Metas 2012	
	P	A
1. Índice de satisfação dos alunos de graduação (total e por curso).	4,2	4,2
2. Média de Estrelas no Guia do Estudante.	4,0	3,7
3. Média de Estrelas no Guia do Estudante.	4	4,0
4. Número de candidatos inscritos por vaga (total e por curso).	3,5	5,1
5. Percentual de matriculados por vaga (total e por curso).	83%	90,1%
6. Taxa de evasão	25%	27,1%

Responsável Geral:	Coordenador:	Código do Documento:
Assinatura:	Assinatura:	

Fonte: TRCR Knowledge, 2012.

Formulário para a criação do plano de ação.

9. Para cada estratégia temos que desenvolver o terceiro formulário.

   No cabeçalho temos: Objetivo 1. Estratégia 1. Desenvolver ações para alcançar os melhores conceitos nas avaliações externas institucionais dos cursos de graduação e nas avaliações de desempenho dos estudantes realizadas pelo MEC.

   E para cada estratégia devem ser criadas tantas ações quantas forem necessárias para que ela seja executada. Embora tenham sido criadas algumas outras, aqui são mostradas apenas quatro.

   É aqui, neste ponto, que temos que definir também o orçamento para que cada ação planejada possa ser executada.

146 CAPÍTULO 5

Objetivo 1 — Consolidar a Universidade como instituição de referência e qualidade entre as melhores universidades do Brasil.	Estratégia 1 — Desenvolver ações para alcançar os melhores conceitos nas avaliações externas institucionais dos cursos de graduação e nas avaliações de desempenho dos estudantes realizadas pelo MEC.	Metodologia DOMP™ / Identificação / PE Plano de Implantação / Orçamento
DATA ORIGINAL 01/07/2012	DATA MODIFICAÇÃO	DATA REVISÃO 2013 — Página 1 de 1

Atividades Sugeridas	Orçamento (R$ mil)	Realizado											
		Jan	Fev	Mar	Abr	Maio	Jun	Jul	Ago	Set	Out	Nov	Dez
Ação 1 - Formar grupos de trabalho, por curso, para acompanhamento e divulgação dos instrumentos governamentais de avaliação.	20												
Ação 2 - Criar mecanismos de análise dos relatórios produzidos pelos órgãos governamentais a partir das avaliações institucionais e de cursos.	20												
Ação 3 - Traçar alternativas para minorar os pontos fracos dos cursos de graduação.	20												
Ação 4 - Desenvolver um trabalho de sensibilização quanto à importância do ENADE, apoiando e incentivando a participação do aluno.	50												

Responsável Geral:	Coordenador:	Código do Documento:
Assinatura:	Assinatura:	

Fonte: TRCR Knowledge, 2012.

Formulário para definir orçamento para cada ação criada no plano de ações.

5.3 Orçamento operacional

Feito o orçamento estratégico, podemos desdobrá-lo em orçamento operacional. Para isso, podemos contar com o auxílio do formulário a seguir.

148 CAPÍTULO 5

Objetivo: (1)	Estratégia: (2)	Atividade: (3)	Metodologia DOMP™ Id. Planejamento Operacional - Atividades & Orçamento V11 (4)										
DATA ORIGINAL (5)	DATA MODIFICAÇÃO (6)		DATA PRÓXIMA REVISÃO (7)						Página (8) (9)				
ITENS A SEREM ADQUIRIDOS (10)	ORÇAMENTO (R$ mil) (11)	Realizado (12)											
		Jan	Fev	Mar	Abr	Maio	Jun	Jul	Ago	Set	Out	Nov	Dez

Analista responsável: (13)
Assinatura: (14)
Data: (15)

Gerente do projeto: (16)
Assinatura: (17)
Data: (18)

Observações: (19)

Responsável Geral: (20)
Assinatura: (21)
Data: (22)

Coordenador: (23)
Assinatura: (24)
Data: (25)

Código do Documento: (26)

Fonte: TRCR Knowledge, 2012.

Formulário para orçar os custos com as aquisições de bens e serviços.

5.3.1 Campos do formulário

(1) Objetivo. A principal informação, pois é a partir de cada objetivo que os desdobramentos serão feitos. Objetivo é o resultado que a organização espera alcançar em longo prazo. Deve ser preenchido um formulário para cada objetivo separadamente.

(2) Estratégia. Estratégias são ações planejadas, mas ainda não detalhadas, para permitir à organização alcançar seus objetivos. Neste campo deve ser escrita apenas uma estratégia de cada objetivo, e esse formulário deve ser preenchido dessa forma.

(3) Atividade. Cada uma das atividades criadas para executar a estratégia ligada ao objetivo. Neste campo deve ser escrita apenas uma atividade de cada estratégia de cada objetivo, e esse formulário deve ser preenchido dessa forma.

(4) Logo da organização. Colocar aqui o logotipo da empresa/instituição/organização à qual pertença o projeto.

(5) Data original. Este campo deverá ser preenchido com a data do primeiro preenchimento do formulário. Em nenhuma hipótese esta data deve ser atualizada.

(6) Data modificação. Este campo será preenchido automaticamente com a data em que o formulário for aberto no Word ou sistema, independentemente de o formulário ser ou não modificado.

(7) Data próxima revisão.

(8) Página. Este campo será preenchido automaticamente pelo Word ou sistema com o número de página do formulário, sempre com a notação 1/n.

(9) Logo da Metodologia DOMP™. Este campo não deve ser modificado. Deve conter sempre o logotipo da Metodologia DOMP™, que é marca registrada.

(10) Itens planejados e que deverão ser adquiridos para executar a atividade. Note que esse formulário deverá ser preenchido com base no formulário Id_atividade, pois nele estão contidas informações seguras sobre o que cada atividade necessita para ser executada em cada processo de negócio de que faça parte.

(11) Orçamento do bem, ou serviço que deverá ser adquirido.

(12) Realizado. Acompanhamento mensal da realização do orçamento operacional.

(13) Analista responsável. O nome do analista responsável por conduzir o planejamento orçamentário.

(14) Assinatura. Assinatura do analista responsável por conduzir o planejamento orçamentário.

(15) Data.

(16) Gerente do projeto. O nome do gerente responsável pelo planejamento orçamentário.

(17) Assinatura. Assinatura do gerente do projeto.

(18) Data.

(19) Observações. Qualquer observação relevante que não tenha se encaixado nos assuntos ou tarefas discutidas na reunião.

(20) Responsável geral pelo orçamento operacional.

(21) Assinatura.

(22) Data.

(23) Coordenador do orçamento operacional.

(24) Assinatura.

(25) Data.

(26) Código do documento.

5.4 Observação importante

O orçamento operacional só será verdadeiro se baseado na documentação dos processos.

Explico, mas antes deixe-me contar um caso interessante ocorrido, claro, comigo.

Uma vez me ligou o diretor de planejamento e orçamento de uma grande empresa, uma *holding* estatal, e a conversa que tivemos reproduzo a seguir. Depois dos cumprimentos preliminares, ele foi ao assunto que o levou a me contatar.

> – Professor Tadeu, preciso da sua ajuda. O senhor está morando aqui (nome da cidade omitido propositalmente) ou em São Paulo?

- Estou morando em São Paulo, mas pode falar, se eu puder ajudá-lo...
- É o seguinte. Eu sou diretor de planejamento e orçamento. Anualmente todas as áreas da companhia devem me enviar o orçamento operacional, mas eu tenho a impressão de que esses orçamentos, na grande maioria, pelo menos, para não generalizar, são "chutes". Não são reais. O que o senhor pensa disso?
- Olha, "Fulano", eu nem preciso ir aí para ajudá-lo. O que eu posso dizer é: não tenha impressão não. Tenha certeza de que são chutes.
- Por que o senhor diz isso?
- Porque se sua empresa não tiver os processos formalmente documentados, com alguns detalhes operacionais importantes e imprescindíveis... ela tem?
- Não. Não tem.
- Então é humanamente impossível saber quanto custará a operação sem termos detalhes sobre essa mesma operação. E isso só se obtém quando documentamos processos de negócio. Eu mesmo, no passado, também já "chutei" muito orçamento operacional... até que aprendi muito, ainda sei pouco, sobre modelagem e gerenciamento de processos de negócio.
- Está bem, professor. Agradeço muito a ajuda. Vou ver o que podemos fazer quanto à documentação de processos na próxima reunião de diretoria.

Sem que se saiba como, quando, onde, com que e para que gastaremos cada centavo, operacionalmente falando, na organização, o orçamento operacional será um "chute" sem qualquer pontaria.

Mesmo planejando as operações com base em processos formalmente documentados, estaremos, de certa forma, "chutando", mas com um grau de probabilidade de acerto incomensuravelmente maior do que sem essa mesma documentação.

Afinal, Messi, Cristiano Ronaldo e Neymar também chutam, mas são muito bons no que fazem. Se é que você, caro leitor, entende minha analogia.

Conclusão

Vimos neste capítulo como procedermos para criar um orçamento operacional.

Vimos, também, como é importante derivarmos o orçamento operacional do orçamento de investimento, mas, mais importante ainda, como alinharmos o orçamento operacional com o dia a dia da organização por meio da documentação de seus processos de negócio.

O orçamento operacional, peça importante da engrenagem da administração estratégica, deve ser reestimado e atualizado constantemente, com base nos resultados operacionais. A periodicidade de atualização do orçamento operacional deve ser defendida pela direção da organização levando em conta fatores tais como: tipo de produto produzido, produção e demanda por recursos escassos, volatilidade dos mercados nos quais a empresa opera, entre outros.

Questões para debate

1. Com base no plano estratégico criado no capítulo sobre planejamento estratégico para a produção de um PPD, Portable Personal Device, crie um plano que traga para o nível operacional a intenção de fabricá-lo.

2. Com base no plano operacional construa um orçamento, ainda que fictício, para colocar em prática a produção do PPD.

PROCESSOS DE NEGÓCIO

6

Objetivos de aprendizagem

- Aprender os fundamentos da modelagem de processos.

- Aprender por que processos são importantes elementos de realização do plano estratégico e do plano operacional.

- Aprender como realizar as etapas da modelagem de processos visando operacionalizar os planos da organização.

- Aprender como:

  - Identificar o produto.

  - Identificar o processo.

  - Identificar cada atividade do processo.

  - Identificar cada procedimento de cada atividade.

Temas

- A importância de os processos serem e estarem documentados.
  Afinal, é por meio dos processos de negócio que qualquer organização irá finalmente operar o seu dia a dia e produzir os produtos que os clientes esperam adquirir.

- Conhecer e entender o ambiente e as estruturas organizacionais que suportam ou irão suportar os processos de negócio.

O que são processos de negócio e por que a documentação e a ordem destes são imprescindíveis para que a organização possa executar seus planos estratégico, tático e operacional.

- Os principais elementos do processo de negócio.
  A mínima documentação de qualquer processo de negócio.

- Tudo começa pelo produto do processo.

  A importância de conhecer e documentar o produto do processo, quer seja esse um bem, quer seja um serviço.

A modelagem de um processo pode se dar com base nas análises feitas a partir do seu mapeamento, e a isso damos o nome de recriação do processo; ou pode ser a criação, do zero, de um novo processo.

Entretanto, o mapeamento, a análise, a modelagem, a implantação e o gerenciamento de processos de negócio são partes fundamentais da criação dos planos estratégico, tático e operacional. Afinal, é por meio dos processos de negócio que qualquer organização vai finalmente operar o seu dia a dia e produzir os produtos que os clientes esperam adquirir.

Tanto na fase de mapeamento quanto na de modelagem, isto é, na documentação dos processos que foram listados no planejamento estratégico, devemos buscar conhecer e entender:

- O ambiente e a estrutura organizacionais que suportam ou irão suportá-los.
- O que são processos de negócio e por que a documentação e a organização deles são imprescindíveis para que a organização possa executar seus planos estratégico, tático e operacional.
- Os principais elementos do processo de negócio.

6.1 O que necessariamente deve ser documentado

No meu livro *Manual para gerenciamento de processos de negócio – Metodologia DOMP™*, detalho pormenorizadamente o trabalho de mapeamento e modelagem de processos. Aqui vou me restringir aos principais elementos de documentação, como forma de ligar os processos aos objetivos.

Basicamente serão quatro formulários a serem preenchidos em quatro etapas. Entretanto, o trabalho de documentação de processos pode ser muito mais extenso, dependendo do tipo de processo, da quantidade de pessoas envolvidas, da quantidade de atividades existentes e da precisão necessária para gerenciá-lo.

1ª Identificar o produto.
2ª Identificar o processo.
3ª Identificar cada atividade do processo.
4ª Identificar cada procedimento de cada atividade.

Com o preenchimento desses formulários encerramos o ciclo necessário à administração orientada a processos de negócio representada na Figura 6.1.

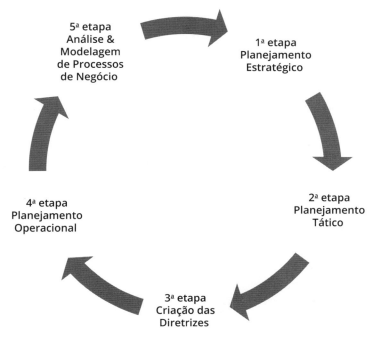

Figura 6.1 Ciclo da administração orientada a processos de negócio.

> **Saiba mais**
>
> Eu costumo alertar os meus alunos que todas as classificações usadas por mim são universais, isto é, são as mesmas usadas por autores ingleses, americanos, alemães etc.
>
> Por exemplo:
>
> - Atividade é *activity*;
> - Tarefa é *task*;
> - Procedimento é *procedure*;
> - Regras de negócio são *business rules*;
> - Papéis funcionais são *roles*;
> - Fluxos são *routes* ou *flows*.
>
> Mais detalhes sobre mapeamento, análise, modelagem, implantação e gerenciamento de processos de negócio no CRUZ, Tadeu. *Manual para Gerenciamento de Processos de Negócio: Metodologia DOMP™: Documentação, Organização e Melhoria de Processos*. São Paulo: Atlas, 2015.

6.2 Identificar o produto

É preciso documentar o produto do processo. Caso contrário, como saber o propósito existencial do processo? Isto é, para que, para quem, para quando e como o processo deve produzir o produto projetado. Se o processo existe e o estamos documentando (mapeando), temos que, antes de qualquer outra providência, especificar, em um formulário apropriado, o produto ou produtos que o processo produz.

Uma vez identificado o(s) produto(s) do processo, é possível construirmos a cadeia de requisitos, documentando como cada papel funcional, responsável por cada atividade, espera receber (e deve receber) o que as outras atividades lhe enviam, para que seu trabalho possa ser feito com qualidade 100% superior à da primeira vez.

6.2.1 Objetivos do formulário

A identificação do(s) produto(s) que é(são) ou deve(m) ser produzido(s) pelo processo é o primeiro passo para documentar corretamente processos de negócio. Sem essa etapa, todo trabalho feito até aqui estará comprometido, podendo, inclusive, levar a organização a péssimos resultados financeiros em decorrência de desajustes operacionais.

Nome do Projeto (1)	Nome do Macroprocesso / Processo / Subprocesso / Rotina: (2)	(3)
DATA ORIGINAL (4)	DATA MODIFICAÇÃO (5)	Página (6) — Metodologia DOMP™ Id Produto V10 — (7)

DESCRIÇÃO DO PRODUTO

(8)

#	Modelos	Especificações	Datas
(9)	(10)	(11)	(12)

INFORMAÇÕES SOBRE FORNECEDORES

#	Bill of Material (Componentes)	Fornecedores	Geolocalizações	E/I
(13)	(14)	(15)	(16)	(17)

Continua

Nome do Projeto (1)		Nome do Macroprocesso / Processo / Subprocesso / Rotina: (2)		(3)	
DATA ORIGINAL (4)	DATA MODIFICAÇÃO (5)	Página (6)	Metodologia DOMP™ Id Produto V10		(7)

INFORMAÇÕES SOBRE CLIENTES					
#	Modelos	Clientes		Geolocalizações	E/I
(18)	(19)	(20)		(21)	(22)
Observações: (23)					

Analista Responsável: (24)	Gerente de Projeto: (26)	Código do Documento: (28)
Assinatura: (25)	Assinatura: (27)	

Fonte: TRCR Knowledge, 2012.

Formulário Identificação do produto.

6.2.2 Campos do formulário

(1) Nome do projeto.

(2) Nome do macroprocesso, processo ou do subprocesso que produz o produto que será documentado.

(3) Logo da organização. Colocar aqui o logotipo da organização à qual pertença o projeto.

(4) Data original. Este campo deverá ser preenchido com a data do primeiro preenchimento do formulário. Em nenhuma hipótese esta data deve ser atualizada.

(5) Data modificação. Este campo será preenchido automaticamente com a data em que o formulário for aberto no Word ou sistema, independentemente de o formulário ser ou não modificado.

(6) Página. Este campo será preenchido automaticamente pelo Word ou sistema com o número de página do formulário, sempre com a notação 1/n.

(7) Logo da Metodologia DOMP™. Este campo não deve ser modificado. Deve conter sempre o logotipo da Metodologia DOMP™, que é marca registrada.

(8) Descrição detalhada do produto. Lembre-se de que produto é tudo o que um processo produz. Quando o produto é concreto, tangível, chamamos de bem (bem de capital, bem de consumo, bem durável etc.); quando o produto é intangível, chamamos de serviço.

(9) Número sequencial.

(10) Lista de todos os modelos de produtos produzidos pelo processo.

(11) Lista de todas as especificações de cada modelo.

(12) Data de produção.

(13) Número sequencial.

(14) Lista da estrutura de cada modelo do produto.

(15) Lista dos fornecedores, internos e/ou externos, de cada item.

(16) Especificação da geolocalização do fornecedor.

(17) Especificação se o fornecedor é externo (E) ou interno (I).

(18) Número sequencial.

(19) Especificação de cada modelo.

(20) Clientes de cada modelo.

(21) Especificação da geolocalização de cada cliente.

(22) Especificação se o cliente é externo (E) ou interno (I).

(23) Campo para observações.

(24) Nome do analista ou analistas responsáveis.

(25) Assinatura do analista ou analistas responsáveis.

(26) Nome do gerente responsável pelo projeto.

(27) Assinatura do gerente responsável pelo projeto.

(28) Código do documento. O código do documento só deve ser preenchido se a empresa/instituição/organização tiver uma estrutura de codificação de documentos. Se não houver essa estrutura, deixar o campo em branco, pois ela pode ser criada depois.

No Adendo do Capítulo 6 reproduzo um pequeno trecho da notícia sobre a causa dos desastres ocorridos com um dos mais caros *smartphones* da Samsung, o Galaxy Note 7, cujas baterias explodiam, causando sérios danos a usuários e instalações, a ponto de as companhias aéreas proibirem o seu uso em todos os voos.

Sem produtos e principalmente processos corretamente documentados, testados e operacionalizados, a organização pode vir a ter péssimos resultados financeiros em decorrência de desajustes operacionais. E comprometer seriamente sua imagem e a dos seus produtos.

Sem a correta descrição do produto, é impossível definir corretamente qualquer processo.

162 CAPÍTULO 6

> ### Saiba mais
>
> **Implementando a linguagem UML como uma ferramenta de definição de processo do workflow[1]**
>
> Atualmente, o gerenciamento de processos de trabalho nas empresas é um fator essencial para que essas respondam de forma mais ágil às necessidades do mercado. Como saber rapidamente com quem está aquele processo de compras, financiamento e outros, desde quando e para quem será despachado? Certamente encontraremos de forma simples a resposta ao incorporarmos a tecnologia de Workflow em nossos processos.
>
> Kleber Rocha de Oliveira – Universidade Paulista – Mestrando em Engenharia de Produção.
>
> Marcelo Schenek de Paula Pessôa – Universidade Paulista – Pós-Graduação em Engenharia de Produção Universidade de São Paulo – Departamento Engenharia de Produção

6.3 Identificar o processo

A identificação do processo e dos elementos que o compõem permitirá o controle dos meios de produção, dos recursos financeiros e humanos, dos insumos e do ambiente no qual ele, processo, opera.

Para tanto, usarei aqui uma versão reduzida do formulário de identificação de processo.[2]

---

[1] Disponível em: <http://www.imageware.com.br/down/paper_wml_wf.pdf>. Acesso em: 24 abr. 2017.

[2] Para mais informações sobre as versões completas de todos os formulários apresentados aqui, consulte meu livro *Manual para gerenciamento de processos de negócio* – Metodologia DOMP™. São Paulo: Atlas, 2015.

6.4 Id prOcesso

6.4.1 Objetivos do formulário

Este formulário deve ser usado para documentar um processo. Só pode existir um processo se houver duas ou mais atividades que o integrem. Ou seja, um processo é composto por pelo menos duas atividades.

O formulário aqui reproduzido está numa versão reduzida, mas contém todos os dados úteis ao nosso trabalho.

Não espere concluir o preenchimento do formulário que documenta qualquer elemento de qualquer processo de uma única vez. Muitos dados, muitas informações só vão aparecer quando da documentação de cada atividade que faça parte do processo. Ou seja, o preenchimento do formulário que documenta o processo só estará concluído depois que todas as atividades, e seus respectivos eventOgramas e processOgramas, estiverem documentados.

Nome do Macroprocesso / Processo: (1)			Metodologia DOMP™ Id. prOcesso_R V11	(2)
Tipo do Processo: (3)	Natureza do Processo: (4)	Periodicidade do Processo: (5)	Fase: (6)	
Gerente do Processo: (7)	DATA ORIGINAL (8)	DATA MODIFICAÇÃO (9)	Página: (10)	(11)

OBJETIVO(S) DO PROCESSO

(12)

DESCRIÇÃO DO PROCESSO

(13)

PRODUTO(S) DO PROCESSO POR CYCLE TIME

Primários	Qtds.	Secundários	Qtds.
(14)	(15)	(16)	(17)

ÁREAS QUE SUPORTAM O PROCESSO

Raízes Funcionais	Áreas Operacionais	Qtd. MO	Geolocalizações (País / Estado / Cidade)
(18)	(19)	(20)	(21)

Continua

Nome do Macroprocesso / Processo: (1)		Metodologia DOMP™ Id. prOcesso_R V11	(2)

Tipo do Processo: (3)	Natureza do Processo: (4)	Periodicidade do Processo: (5)	Fase: (6)

Gerente do Processo: (7)	DATA ORIGINAL (8)	DATA MODIFICAÇÃO (9)	Página: (10)

ATIVIDADES QUE COMPÕEM O PROCESSO
(tipo pode ser G = Gerencial ou O = Operacional)

#	Atividades	Tipo	#	Atividades	Tipo
(22)	(23)	(24)			

NÚMERO DE OCORRÊNCIAS NECESSÁRIAS PARA O INÍCIO DO PROCESSO		PERIODICIDADE	TIPO DE DISTRIBUIÇÃO
MÍNIMO	MÁXIMO	(27)	(28)
(25)	(26)		

Fonte: TRCR Knowledge, 2012.

Formulário para identificação de processo – parte I.

6.4.2 Campos do formulário

(1) Nome do processo.

(2) Logo da organização. Colocar aqui o logotipo da organização à qual pertença o projeto.

(3) Tipo do processo. Pode ser primário ou secundário.

(4) Natureza do processo. Pode ser operacional ou gerencial.

(5) Periodicidade do processo. De quanto em quanto tempo o processo é executado: constantemente, diariamente, semanalmente, mensalmente, sob demanda etc.

(6) Fase do projeto: "As Is" ou "Will Be".

(7) Nome do gerente do processo e da área.

(8) Data original. Este campo deverá ser preenchido com a data do primeiro preenchimento do formulário. Em nenhuma hipótese esta data deve ser atualizada.

(9) Data modificação. Este campo será preenchido automaticamente com a data em que o formulário for aberto no Word ou sistema, independentemente de o formulário ser ou não modificado.

(10) Página. Este campo será preenchido automaticamente pelo Word ou sistema com o número de página do formulário, sempre com a notação 1/n.

(11) Logo da Metodologia DOMP™. Este campo não deve ser modificado. Deve conter sempre o logotipo da Metodologia DOMP™, que é marca registrada.

(12) Objetivos do processo.

(13) Descrição resumida do processo. Início, meio e fim de forma resumida.

(14) Produtos primários do processo.

(15) Quantidade de produtos primários produzidos em cada *cycle time*.

(16) Produtos secundários do processo.

(17) Quantidade de produtos secundários produzidos em cada *cycle time*.

(18) Raiz funcional. Nomes das áreas responsáveis por cada área operacional que suportar o processo. A raiz funcional tem propósito gerencial, enquanto as áreas operacionais são as que efetivamente produzem os produtos do processo.

(19) Nomes das áreas operacionais por dentro das quais o processo ocorre.

(20) Quantidade de mão de obra alocada em cada área operacional.

(21) Geolocalizações das áreas que suportam o processo.

(22) Número sequencial.

(23) Nome das atividades que compõem o processo.

(24) Tipos. A atividade pode ser operacional (O) ou gerencial (G).

(25) Número mínimo de ocorrências necessárias para que o processo se "ponha a andar". Exemplo: um pedido de cliente, uma solicitação de transporte etc. Existem processos que se "põem a andar" com uma ocorrência apenas; outros só se "põem a andar" em lotes. Ou ainda pode ser um número variável.

(26) Número máximo de ocorrências necessárias para que o processo se "ponha a andar". Exemplo: um pedido de cliente, uma solicitação de transporte etc. Existem processos que se "põem a andar" com uma ocorrência apenas; outros só se "põem a andar" em lotes. Ou ainda pode ser um número variável.

(27) Periodicidade em que chegam as ocorrências. Note que não é o mesmo que a periodicidade do processo, pois nem sempre o processo se "põe a andar" logo que chega uma ocorrência. Pode ser diária, semanal, mensal, esporádica, variável.

(28) Como as ocorrências chegam em termos estatísticos (tipo de distribuição). Normal, distribuídas ao longo do período de trabalho. Uniforme, concentradas num determinado intervalo ou variável.

168 CAPÍTULO 6

Nome do Macroprocesso / Processo: (1)		Metodologia DOMP™ Id. prOcesso_R V11	(2)
Natureza do Processo: (4)	Periodicidade do Processo: (5)	Fase: (6)	
Gerente do Processo: (7)	DATA ORIGINAL (8)	DATA MODIFICAÇÃO (9)	Página: (10)

Tipo do Processo: (3)

TECNOLOGIAS DE APOIO (29)	Geolocalizações (30)
RECURSOS UTILIZADOS (31)	Geolocalizações (32)

INFORMAÇÕES SOBRE CRITICIDADES (33)

EXCEÇÕES (34)	PLANOS DE CONTIGÊNCIA (35)

Continua

Nome do Macroprocesso / Processo: (1)		Metodologia DOMP™ Id. prOcesso_R V11	(2)

Tipo do Processo: (3)	Natureza do Processo: (4)	Periodicidade do Processo: (5)	Fase: (6)	
Gerente do Processo: (7)		DATA ORIGINAL (8)	DATA MODIFICAÇÃO (9)	Página: (10)	(11)

RISCOS ASSOCIADOS AO PROCESSO						
Riscos (36)				Atividades (37)	Código do Plano para Tratamento (38)	Data & Versão (39)
Físico	E	M	L			
Químico	E	M	L			
Biológico	E	M	L			
Mecânico	E	M	L			
Ergonômico	E	M	L			
Emocional	E	M	L			

Observações: (40)

E = Elevado / M = Médio / L = Leve

Analista Responsável: (41) Assinatura: (42)	Gerente de Projeto: (43) Assinatura: (44)	Código do Documento: (45)

Fonte: TRCR Knowledge, 2012.

Formulário para identificação de processo – parte II.

(29) Tecnologias de apoio utilizadas pelo processo.

(30) Geolocalizações das tecnologias usadas pelo processo.

(31) Recursos consumidos no processo.

(32) Geolocalizações dos recursos consumidos no processo.

(33) Lista e informações sobre criticidades, se houver.

(34) Lista e informações sobre as exceções.

(35) Lista dos planos de contingência para cada exceção.

(36) Marcar com um X o nível de cada risco em cada atividade existente no processo. Níveis dos riscos, E = Elevado / M = Médio / L = Leve.

(37) Nomes das atividades existentes no processo passíveis de riscos.

(38) Código ou nome do plano criado para impedir que o risco se concretize. Por exemplo: Plano de Ginástica Laboral.

(39) Data e versão do plano criado para impedir que o risco se concretize.

(40) Observações gerais.

(41) Nome do analista responsável pela documentação.

(42) Assinatura do analista responsável pela documentação.

(42) Nome do gerente responsável pela documentação.

(44) Assinatura do gerente responsável pela documentação.

(45) Código do documento. O código do documento só deve ser preenchido se a empresa/instituição/organização tiver uma estrutura de codificação de documentos. Se não houver essa estrutura, deixar o campo em branco, pois ela pode ser criada depois.

6.5 Identificar cada atividade do processo

Documente cada atividade, pois é por meio delas que vamos, finalmente, chegar aos procedimentos operacionais.

O que são atividades?

São conjuntos de instruções (procedimentos, políticas, leis, normas, diretrizes, regimentos, regras de negócio etc.), mão de obra, recursos e tecnologias cujo objetivo é o de processar as entradas para produzir parte do produto de um processo, a fim de atender aos objetivos da sua função dentro do processo, subprocesso, rotina e consequentemente na organização.

Existem diversas definições de atividade, mas a mais racional, difundida e aceita por estudiosos e pesquisadores acadêmicos é:

> Atividade é uma **unidade operacional** (operacional: relativo a uma operação ou procedimento), existente em todo e qualquer processo, seja de negócio, seja de qualquer outra espécie. Isso quer dizer que uma atividade é o "conjunto dos meios para a consecução de um resultado".[3]

Para essa etapa usaremos o formulário Id_Atividade.

6.5.1 Objetivos do formulário

O formulário Id_Atividade tem por objetivo principal documentar cada atividade listada em cada processo documentado no formulário Info_prOcesso para que possamos construir os procedimentos que darão suporte às operações da organização.

Esse formulário é muito parecido com o formulário Id_Info_Atividades_&_Metas, só que com a seguinte diferença: ele contém algumas novas informações importantes para que possamos construir os procedimentos da atividade. Entre elas estão:

- A demanda estimada ou realizada de produção da atividade.
- A capacidade instalada de produção da atividade.

O formulário que documenta atividades, aqui na sua versão reduzida, serve tanto para indústria de manufatura como para indústria de serviços. Para isso basta não preencher os dados referentes à indústria de manufatura.

---

[3] Dicionário Michaelis. Disponível em: <http://michaelis.uol.com.br/busca?r=0&f=0&t=0&palavra=atividade>. Acesso em: 22 dez. 2016.

Nome da Atividade: (1)	Nome do Processo / Subprocesso / Rotina: (2)		Metodologia DOMP™ Id. Info_Atividade V11	(3)
Tipo da Atividade: (4)	Periodicidade da Atividade: (5)	Período de funcionamento: (6)	Fase: (7)	
Papel Funcional: (8)	DATA ORIGINAL (9)	DATA DE MODIFICAÇÃO (10)	Página: (11)	(12)

OBJETIVO(S) DA ATIVIDADE
(13)
DESCRIÇÃO DA ATIVIDADE
(14)
PRODUTO(S) DA ATIVIDADE (por *cycle time*)

Primários	Qtds.	Secundários	Qtds.
(15)	(16)	(17)	(18)

INFORMAÇÕES SOBRE OCORRÊNCIAS			
NÚMERO DE OCORRÊNCIAS QUE INICIAM A ATIVIDADE		PERIODICIDADE	TIPO DE DISTRIBUIÇÃO
MÍNIMO	MÁXIMO		
(19)	(20)	(21)	(22)

Continua

Nome da Atividade: (1)	Nome do Processo / Subprocesso / Rotina: (2)		Metodologia DOMP™ Id. Info_Atividade V11	(3)
Tipo da Atividade: (4)	Periodicidade da Atividade: (5)	Período de funcionamento: (6)	Fase: (7)	
Papel Funcional: (8)	DATA ORIGINAL (9)	DATA DE MODIFICAÇÃO (10)	Página: (11)	(12)

DEMANDA (estimada ou realizada de produção da atividade em quantidades) (23)				
Minuto	Hora	Dia	Mês	Ano

METAS & MÉTRICAS														
Metas	Métricas	Pontos de Controle (26)												Qtds. (Func Resp) (27)
		Jan	Fev	Mar	Abr	Maio	Jun	Jul	Ago	Set	Out	Nov	Dez	
(24)	(25)													

Fonte: TRCR Knowledge, 2012.

Formulário para documentação de atividade – parte I.

6.5.2 Campos do formulário

(1) Nome da atividade. O nome da atividade deve ser um substantivo.

(2) Nome do processo, do subprocesso ou da rotina. Se a atividade pertencer a um processo e/ou subprocesso, deve-se preencher este campo da seguinte forma: nome do processo/nome do subprocesso e sublinhar os substantivos **Processo** e **Subprocesso**. Se a atividade pertencer a uma rotina deve-se escrever o nome da rotina e sublinhar o substantivo **Rotina**.

(3) Logo da organização. Colocar aqui o logotipo da organização à qual pertença o projeto.

(4) Tipo da atividade pode ser gerencial ou operacional.

(5) Periodicidade da atividade. De quanto em quanto tempo a atividade é executada. Pode ser continuamente, sob demanda, diariamente, semanalmente, mensalmente, anual etc.

(6) Período de funcionamento. Especificar dias e horários de execução da atividade. Por exemplo: de segunda a sexta, das 8h às 17h.

(7) Fase. As fases de um projeto de mapeamento, análise, modelagem, implantação e gerenciamento de processos de negócio são: "As Is" e "Will Be".

(8) Nome do papel funcional responsável pela atividade. Lembre-se de que cada atividade deve ter um papel funcional responsável por ela. Um papel funcional pode ser responsável por várias atividades. Um mesmo papel funcional pode ser representado por vários funcionários.

(9) Data original. Este campo deverá ser preenchido com a data do primeiro preenchimento do formulário. Em nenhuma hipótese esta data deve ser atualizada.

(10) Data modificação. Este campo será preenchido automaticamente com a data em que o formulário for aberto no Word ou sistema, independentemente de o formulário ser ou não modificado.

(11) Página. Este campo será preenchido automaticamente pelo Word ou sistema com o número de página do formulário, sempre com a notação 1/n.

(12) Logo da Metodologia DOMP™. Este campo não deve ser modificado. Deve conter sempre o logotipo da Metodologia DOMP™, que é marca registrada.

(13) Objetivos da atividade dentro do processo, pois a prática me ensinou que pode haver atividades com o mesmo nome e, até mesmo, muito semelhantes em processos e subprocessos distintos.

(14) Descrição da atividade. O que é que a atividade *deve* fazer no processo em que se encontra.

(15) Produtos primários produzidos pela atividade a cada *cycle time*. *Cicle time* (tempo de ciclo) é o tempo total decorrido desde que uma ocorrência entra na atividade até que essa mesma ocorrência saia da atividade processada.

(16) Quantidade de produtos primários produzidos pela atividade a cada tempo de ciclo.

(17) Produtos secundários produzidos pela atividade cada vez que um produto primário é produzido.

(18) Quantidade de produtos secundários produzidos pela atividade cada vez que um produto primário é produzido.

(19) Número mínimo de ocorrências necessárias para que a atividade seja executada. Exemplo: um pedido de cliente, uma solicitação de transporte etc. Existem atividades que são executadas com uma ocorrência apenas; outras só são executadas em lotes. Ou ainda pode ser um número variável.

(20) Número máximo de ocorrências necessárias para que a atividade seja executada. Exemplo: um pedido de cliente, uma solicitação de transporte etc. Existem atividades que são executadas com uma ocorrência apenas; outras só são executadas em lotes. Ou ainda pode ser um número variável.

(21) Periodicidade em que chegam as ocorrências. Note que não é o mesmo que a periodicidade da atividade, pois nem sempre a atividade é executada logo que chega uma ocorrência. Pode ser diária, semanal, mensal, esporádica, variável.

(22) Como as ocorrências chegam em termos estatísticos. Normal, distribuídas ao longo do período de trabalho. Uniforme, concentradas num determinado intervalo ou variável.

(23) Demanda. A quantidade de produtos primários exigidos/demandados/esperados da atividade por minuto, por hora, por dia, por mês, por ano.

(24) As metas que devem ser alcançadas pela atividade.

(25) Nomes das métricas que servirão para aferir o cumprimento de cada meta.

(26) Ponto de controle. Preencher com a informação sobre quando a realização de cada meta deverá ser aferida em meses.

(27) Quantidade de funcionários responsáveis pela meta atribuída à atividade.

Processos de Negócio **177**

Nome da Atividade: (1)	Nome do Processo / Subprocesso / Rotina: (2)	Metodologia DOMP™ Id. Info_Atividade V11 (3)
Tipo da Atividade: (4)	Periodicidade da Atividade: (5)	Período de funcionamento: (6)	Fase: (7)
Papel Funcional: (8)	DATA ORIGINAL (9)	DATA DE MODIFICAÇÃO (10)	Página: (11)

(12)

CAPACIDADE DE PRODUÇÃO INSTALADA

MÁQUINAS E EQUIPAMENTOS

Nome	Tipo	Capacidade de Produção		Geolocalizações (Cidade / Estado / País)	Qtds	Geolocalizações (Cidade / Estado / País)
		Unitária	Total			
(28)	(29)	(30)	(31)	(32)	(33)	

TI

Software	Qtds	Geolocalizações (Cidade / Estado / País)	Hardware	Qtds	Geolocalizações (Cidade / Estado / País)
(34)	(35)	(36)	(37)	(38)	(39)

Continua

Nome da Atividade: (1)	Nome do Processo / Subprocesso / Rotina: (2)		Metodologia DOMP™ Id. Info_Atividade V11	(3)
Tipo da Atividade: (4)	Periodicidade da Atividade: (5)	Período de funcionamento: (6)	Fase: (7)	
Papel Funcional: (8)	DATA ORIGINAL (9)	DATA DE MODIFICAÇÃO (10)	Página: (11)	(12)

MOBILIDADE (todo e qualquer tipo de meio de transporte. Carro, avião, helicóptero, barco, navio, etc.)					
Nome	Tipo	Capacidade de Transporte		Geo-localizações (Cidade / Estado / Pais)	Qtds
		Unitária	Total		
(40)	(41)	(42)	(43)	(44)	(45)

Fonte: TRCR Knowledge, 2012.

Formulário para documentação de atividade – parte II.

(28) Capacidade de produção instalada – máquinas e equipamentos. Nome da máquina ou equipamento.

(29) Capacidade de produção instalada – máquinas e equipamentos. Tipo da máquina ou equipamento.

(30) Capacidade de produção instalada – máquinas e equipamentos. Capacidade de produção unitária.

(31) Capacidade de produção instalada – máquinas e equipamentos. Capacidade de produção total.

(32) Capacidade de produção instalada – máquinas e equipamentos. Geolocalizações.

(33) Capacidade de produção instalada – máquinas e equipamentos. Total de máquinas ou equipamentos.

(34) Capacidade de produção instalada – TI (tecnologias da informação que apoiam a atividade). Nome de cada *software* que apoia a atividade.

(35) Capacidade de produção instalada – TI (tecnologias da informação que apoiam a atividade). Qtd (quantidade). Número de cópias de cada *software* que apoia a atividade.

(36) Capacidade de produção instalada – TI (tecnologias da informação que apoiam a atividade). Geolocalizações dos *softwares* que apoiam a atividade. Se tais *softwares* estiverem na nuvem (*cloud computing*), especificar a geolocalização da área de TI da empresa.

(37) Capacidade de produção instalada – TI (tecnologias da informação que apoiam a atividade). Nome de cada *hardware* que apoia a atividade.

(38) Capacidade de produção instalada – TI (tecnologias da informação que apoiam a atividade). Qtd (quantidade). Número de cópias de cada *hardware* que apoia a atividade.

(39) Capacidade de produção instalada – TI (tecnologias da informação que apoiam a atividade). Geolocalizações dos *hardwares* que apoiam a atividade. Se tais *hardwares* estiverem na nuvem (*cloud computing*), especificar a geolocalização da área de TI da empresa.

(40) Capacidade de produção instalada – Mobilidade. Nome do meio de transporte.

(41) Capacidade de produção instalada – Mobilidade. Tipo do meio de transporte.

(42) Capacidade de produção instalada – Mobilidade. Capacidade de transporte unitária.

(43) Capacidade de produção instalada – Mobilidade. Capacidade de transporte total.

(44) Capacidade de produção instalada – Mobilidade. Geolocalização dos tipos de transporte.

(45) Capacidade de produção instalada – Mobilidade. Quantidades dos tipos de transporte por localidade.

Nome da Atividade: (1)	Nome do Processo / Subprocesso / Rotina: (2)		Metodologia DOMP™ Id. Info_Atividade V11	(3)
Tipo da Atividade: (4)	Periodicidade da Atividade: (5)	Período de funcionamento: (6)	Fase: (7)	
Papel Funcional: (8)	DATA ORIGINAL (9)	DATA DE MODIFICAÇÃO (10)	Página: (11)	(12)

RECURSOS UTILIZADOS					
Nome	Tipo	Capacidade de Produção		Geolocalizações (Cidade / Estado / País)	Qtds
		Unitária	Total		
(46)	(47)	(48)	(49)	(50)	(51)

GEOLOCALIZAÇÕES E QUANTIDADES DE MÃO DE OBRA DA ATIVIDADE					
Locais (Cidade / Estado / País)	Qtds	Locais (Cidade / Estado / País)	Qtds	Locais (Cidade / Estado / País)	Qtds
(52)	(53)				

OBSERVAÇÕES (Diferenças e/ou detalhes existentes entre atividades iguais num mesmo processo, porém em locais diversos)
(54)
INFORMAÇÕES SOBRE CRITICIDADES
(55)

EXCEÇÕES	PLANOS DE CONTINGÊNCIA
(56)	(57)

Continua

Nome da Atividade: (1)	Nome do Processo / Subprocesso / Rotina: (2)		Metodologia DOMP™ Id. Info_Atividade V11	(3)
Tipo da Atividade: (4)	Periodicidade da Atividade: (5)	Período de funcionamento: (6)	Fase: (7)	
Papel Funcional: (8)	DATA ORIGINAL (9)	DATA DE MODIFICAÇÃO (10)	Página: (11)	(12)

RISCOS ASSOCIADOS À ATIVIDADE					
Riscos (58)		# T (59)	Código do processOgrama (60)	Código do Plano para Tratamento (61)	Data & Versão (62)
Físico	E M L				
Químico	E M L				
Biológico	E M L				
Mecânico	E M L				
Ergonômico	E M L				
Emocional	E M L				
Observações: (63) E = Elevado / M = Médio / L = Leve					

Analista Responsável: (64) Assinatura: (65)	Gerente do projeto: (66) Assinatura: (67)	Código do Documento: (68)

Fonte: TRCR Knowledge, 2012.

Formulário para documentação de atividade – parte III

Processos de Negócio **183**

(46) Capacidade de produção instalada – Recursos consumidos pela atividade na sua execução. Nome do recurso.

(47) Capacidade de produção instalada – Recursos consumidos pela atividade na sua execução. Tipo do recurso.

(48) Capacidade de produção instalada – Recursos consumidos pela atividade na sua execução. Capacidade de produção unitária.

(49) Capacidade de produção instalada – Recursos consumidos pela atividade na sua execução. Capacidade de produção total.

(50) Capacidade de produção instalada – Recursos consumidos pela atividade na sua execução. Geolocalização dos recursos.

(51) Capacidade de produção instalada – Recursos consumidos pela atividade na sua execução. Quantidades dos recursos.

(52) Geolocalizações da atividade. Listar onde, em termos geográficos, está a atividade.

(53) Quantidades de mão de obra alocada à atividade em cada localidade.

(54) Observações. Diferenças e/ou detalhes existentes entre atividades iguais num mesmo processo, porém em locais diversos.

(55) Informações sobre criticidades inerentes à atividade.

(56) Exceções que podem ocorrer na execução da atividade.

(57) Planos de contingência para tratar as exceções caso elas ocorram.

(58) Marcar com um X o nível de cada risco em cada tarefa. Níveis dos riscos, E = Elevado / M = Médio / L = Leve.

(59) Número da tarefa onde o risco existe. Esse número é o mesmo que aparece na linha correspondente ao processOgrama.

(60) Código ou nome do processOgrama. Cada atividade deve ter pelo menos um processOgrama associado, mas pode ter vários.

(61) Código ou nome do plano criado para impedir que o risco se concretize. Por exemplo: Plano de Ginástica Laboral.

(62) Data e versão do plano criado para impedir que o risco se concretize.

(63) Observações gerais.

(64) Nome do analista responsável pela documentação.

(65) Assinatura do analista responsável pela documentação.

(66) Nome do gerente responsável pela documentação.

(67) Assinatura do gerente responsável pela documentação.

(68) Código do documento. O código do documento só deve ser preenchido se a empresa/instituição/organização tiver uma estrutura de codificação de documentos. Se não houver essa estrutura, deixar o campo em branco, pois ela pode ser criada depois.

Como já alertado por mim anteriormente, não espere concluir o preenchimento do formulário que documenta qualquer elemento de qualquer processo e, até mesmo, o próprio processo de uma única vez. Muitos dados, muitas informações só vão aparecer quando das revisões que devem ser feitas periodicamente de toda a documentação do processo.

Bom, já temos o processo documentado e as atividades que fazem parte dele; é chegada a hora, então, de criarmos os procedimentos de cada atividade. São eles que, finalmente, farão chegar ao nível mais operacional da organização o planejamento estratégico.

6.6 Identificar cada procedimento existente em cada atividade

O que são procedimentos?

Na Metodologia DOMP™, procedimentos são chamados de processOgramas, porque são formados por uma parte descritiva e uma parte gráfica.

Um processOgrama é um conjunto de tarefas necessárias para que qualquer atividade possa ser executada. Embora não exatamente igual, também é conhecido em outras metodologias como instrução de trabalho, procedimento etc.; porém, é muito mais detalhado que os exemplos aqui citados.

Segundo a norma NBR ISO 8402,[4] "Um procedimento escrito ou documentado inclui normalmente o escopo da atividade, o que deve ser feito e por qual papel funcional, onde e como deve ser feito; quais materiais, equipamentos e documentos devem ser usados e como a atividade deve ser registrada, controlada e medida".[5]

Existe um número de processOgramas que uma atividade deve ter, mas não há limitação quanto ao número máximo de processOgramas que uma atividade pode ter.

Cada atividade **tem** que ter no mínimo um processOgrama, caso contrário, ela não pode ser executada com segurança e qualidade, mas não há nenhuma limitação para o número máximo de processOgramas que cada atividade pode ter, pois quem vai determinar esse número em cada atividade é o analista, baseado nas análises que fizer sobre a função de cada atividade dentro do processo.

Por exemplo, uma atividade pode ter um processOgrama para ser executado diariamente, outro para ser executado semanalmente e um terceiro para ser executado no fechamento do mês.

6.6.1 Objetivos do formulário

O processOgrama, que em outras metodologias é conhecido também como procedimento, documenta de forma itemizada as tarefas que devem ser executadas em cada atividade.

---

[4] A norma NBR ISO 8402 é a que define a terminologia utilizada nas demais normas ISO. ISO NBR 8420 Gestão da qualidade e garantia da qualidade – Terminologia. ABNT – Dezembro de 1994.

[5] ASSOCIAÇÃO BRASILEIRA DE NORMAS TÉCNICAS. *ISO NBR 8420*: Gestão da qualidade e garantia da qualidade – Terminologia. São Paulo: ABNT, 1994.

Nome da Atividade: (1)	Nome do Processo / Subprocesso / Rotina: (2)		Metodologia DOMP™ Id processOgrama V11		(3)
Papel Funcional Executante: (4)	Tipo do Procedimento: (5)		Código do processOgrama: (6)	Fase: (7)	
DATA ORIGINAL (8)		DATA MODIFICAÇÃO (9)		Página (10)	(11)
Tarefas (12)	Descrição (13)	Exceção / Desvio (14)	Regras de Negócio e detalhamento (15)		TT (16)

PROCEDIMENTO			
01			
02			
03			
04			
05			
06			
07			
08			
09			
10			
11			
	.		
99	Fim do procedimento (17)		
Observações: (18)			

Analista Responsável: (19) Assinatura: (20)	Gerente do projeto: (21) Assinatura: (22)	Código do Documento: (23)

Fonte: TRCR Knowledge, 2012.

Formulário para documentação de procedimentos.

6.5.2 Campos do formulário

(1) Nome da atividade.

(2) Nome do processo, do subprocesso ou da rotina. Deve-se preencher este campo da seguinte forma: nome do processo/ nome do subprocesso e sublinhar os substantivos **Processo** e **Subprocesso** se a atividade pertencer a um deles. Se a atividade fizer parte de uma rotina deve-se escrever o nome da rotina e sublinhar o substantivo Rotina.

(3) Logo da organização. Colocar aqui o logotipo da organização à qual pertença o projeto.

(4) Nome do papel funcional responsável pela atividade.

(5) Tipo de processOgrama (procedimento), operacional ou gerencial.

(6) Nome e/ou código do processOgrama.

(7) Fase. As fases de um projeto de mapeamento, análise, modelagem, implantação e gerenciamento de processos de negócio são: "As Is" e "Will Be".

(8) Data original. Este campo deverá ser preenchido com a data do primeiro preenchimento do formulário. Em nenhuma hipótese esta data deve ser atualizada.

(9) Data modificação. Este campo será preenchido automaticamente com a data em que o formulário for aberto no Word ou sistema, independentemente de o formulário ser ou não modificado.

(10) Página. Este campo será preenchido automaticamente pelo Word ou sistema com o número de página do formulário, sempre com a notação 1/n.

(11) Logo da Metodologia DOMP™. Este campo não deve ser modificado. Deve conter sempre o logotipo da Metodologia DOMP™, que é marca registrada.

(12) Número sequencial da tarefa.

(13) Escrever cada tarefa necessária para que o procedimento seja executado. À esquerda do campo (13) há um campo previamente preenchido com números, no exemplo até 11. Eles não devem ser apagados, mas acrescentados para a inclusão de

novas tarefas. Cada tarefa deve começar por um verbo no infinito (executar, receber, enviar) e ser direta e objetiva, de forma a permitir que qualquer funcionário que tenha que executar o processOgrama o faça sem dúvidas ou questionamentos.

(14) Neste campo devem estar as exceções e/ou desvios, como no símbolo de decisão de fluxogramas.

(15) Neste campo são descritas as regras de negócio e/ou o detalhamento da tarefa e/ou da regra de negócio. Elas servem para orientar a execução de uma ou de várias tarefas. As regras de negócio são geralmente extraídas das políticas da empresa e dos manuais de procedimentos e normas para garantir a correta execução das tarefas.

(16) Tempo total para a execução de cada tarefa.

(17) Fim do processOgrama (procedimento). A tarefa 99 é incondicional.

(18) Observações gerais.

(19) Nome do analista responsável pela documentação.

(20) Assinatura do analista responsável pela documentação.

(21) Nome do gerente responsável pela documentação.

(22) Assinatura do gerente responsável pela documentação.

(23) Código do documento. O código do documento só deve ser preenchido se a empresa/instituição/organização tiver uma estrutura de codificação de documentos. Se não houver essa estrutura, deixar o campo em branco, pois ela pode ser criada depois.

Os procedimentos também serão revisados, ou devem sê-lo, periodicamente. Isso se dá com base nos resultados obtidos com as auditorias visando à melhoria contínua dos processos ou com a melhoria contínua da qualidade do produto e do processo.

Conclusão

Modelar[6] um processo é o ato de recriar um processo que tenha sido previamente mapeado (documentado) ou o ato de criar um novo processo, inexistente até então.

Como explicado pelos dicionários, entre outros significados, modelar é "estabelecer orientação ou exemplo para algo ou si próprio; moldar-(se), regular(-se). Delinear, regular, traçar intelectualmente".[7]

A modelagem para processos que já existam se baseia em dois documentos importantes, o plano com sugestões para solução de problemas e o plano com sugestões para melhoria do desempenho do processo. Ambos os planos são oriundos das análises feitas sobre o material produzido no mapeamento do processo.

Já a modelagem para processos até então inexistentes é feita sobre diversos tipos de análises, incluindo a realizada sobre o material produzido no *benchmarking*.

Esse trabalho, além de importante, é imprescindível para que as organizações de qualquer tipo possam operar com segurança.

---

[6] Modelar e redesenhar processos significam recriar, redesenhar, "reengenheirar", reinventar processos que já existiam e que já foram mapeados, ou criar um processo inteiramente novo, que nunca tenha existido antes na organização (CRUZ, Tadeu. *Manual para gerenciamento de processos de negócio* – Metodologia DOMP™: documentação, organização e melhoria de processos. São Paulo: Atlas, 2015.

[7] Dicionário Michaelis. Disponível em: <http://michaelis.uol.com.br/busca?r=0&f=0&t=0&palavra=modelar>. Acesso em: 19 dez. 2016.

Questões para debate

1. Por que processos formalmente documentados são imprescindíveis para a segurança operacional de qualquer empresa?

2. Fluxogramas documentam processos ou são parte da documentação de qualquer processo?

3. Caso você tenha respondido na questão anterior que fluxogramas documentam processos, explique o porquê da sua resposta.

4. Caso você tenha respondido na questão 2 que fluxogramas não documentam processos, explique o porquê da sua resposta.

Adendo – Relatório final da Samsung aponta bateria como culpada por fogo no Galaxy[8]

O resultado de uma detalhada investigação sobre as explosões envolvendo os celulares Galaxy Note 7 foi apresentado nesta segunda-feira (23/01/2017) em Seul pela Samsung.

O estudo afirma que algumas das baterias de íon-lítio estudadas registraram curtos-circuitos internos e que algumas não tinham membranas de isolamento por **erros no processo de fabricação**.

A investigação foi realizada ao longo de um mês pela própria companhia tecnológica sul-coreana e outras três organizações: as consultoras americanas UL e Exponent, e a empresa alemã de inspeção técnica e certidão TÜV Rheinland.

Segundo o responsável de sua divisão de telefonia celular da Samsung, Koh Dong-jin, a publicação do relatório responde à necessidade de que a companhia "recupere a confiança" do consumidor após um fiasco

---

[8] Fonte: *UOL Notícias*, 23 jan. 2017. Disponível em: <https://tecnologia.uol.com.br/noticias/redacao/2017/01/23/relatorio-final-da-samsung-aponta-bateria-como-culpada-por-fogo-no--galaxy.htm>. Acesso em: mar. 2017 (grifo nosso).

que fez a empresa perder cerca de 6,1 trilhões de wons (perto de US$ 5,209 bilhões).

Koh explicou que investigadores e engenheiros recriaram processos de carga e descarga com cerca de 200 mil dispositivos e 30 mil baterias de íon-lítio para detectar e analisar os erros.

AVALIAÇÃO DE DESEMPENHO ORGANIZACIONAL

7

Objetivos de aprendizagem

- Aprender os fundamentos da avaliação e do desempenho organizacional.
- Aprender como contratar corretamente com base nas informações do cargo e do papel funcional.
- Aprender que a documentação de processos de negócio é a base para avaliações de desempenho seguras e justas.
- Aprender que metas são derivadas da documentação de atividades.
- Aprender quais são as características que todo analista de processos de negócio deve ter para desempenhar corretamente seu papel funcional.

Temas

- A importância da documentação dos papéis funcionais.
  O objetivo é o de fornecer uma ferramenta metodológica, parte do conjunto de formulários já apresentados aqui, para ligar conhecimento, competência e habilidades de cada colaborador aos objetivos da organização.
- Conhecer as principais informações dos cargos e dos papéis funcionais.
  Como esses dois conjuntos de informações devem estar integrados para permitir contratações a avaliações corretas.
- Contratar a pessoa certa para o lugar certo.
  Por que a maioria das organizações contrata a pessoa certa para o lugar errado ou, o que é pior, a pessoa errada para o lugar certo.

- O funcionOgrama.
  O formulário para identificação do funcionário e da sua evolução funcional documenta a evolução profissional de cada colaborador dentro da organização.

7.1 O que é e como documentar

A avaliação de desempenho organizacional tem como base várias metodologias, técnicas e variantes, mas todas buscam levar ao mesmo objetivo – avaliar se a organização está se comportando da maneira como fora planejado, isto é, se seus colaboradores estão executando suas responsabilidades alinhadas com os planos estratégico, tático e operacional. Em resumo, é isso que tais métodos e técnicas buscam. E existem vários!

7.2 Formas de avaliação de desempenho

Existem diversos sistemas e/ou métodos para avaliar o desempenho organizacional, incluindo-se nesses os de avaliação de desempenho dos funcionários em uma organização.

Mas os instrumentos de avaliação de desempenho, em sua maioria, pecam pela falta de documentação ligando conhecimento, competência e habilidades. É preciso que o último elo da cadeia de planos faça parte dessa cadeia.

A minha abordagem é muito simples e liga cada funcionário, por meio do papel funcional que representa, a processos e responsabilidades e esses ao planejamento estratégico. Mas antes vamos ver os métodos disponíveis para a avaliação de desempenho.

A seguir, os métodos mais conhecidos e utilizados para avaliação de desempenho organizacional:

- Autoavaliação;
- Avaliação 360 graus;
- Avaliação de competências e resultados;
- Avaliação por objetivos;

- Avaliação por resultados;
- *Balanced Scorecard*;
- Conhecimento, Habilidade e Atitude (CHA);
- Comparação de pares;
- Escalas gráficas de classificação;
- Escolha e distribuição forçada;
- Incidentes críticos;
- Padrões de desempenho;
- Pesquisa de campo;
- Relatório de desempenho.

Todos eles são bons e servem perfeitamente aos propósitos de qualquer avaliação organizacional. Cabe a cada organização, a cada necessidade e a cada momento específico a escolha do método a adotar.

Saiba mais

Um dos métodos mais utilizados hoje em dia é a Avaliação 360º. Saiba mais sobre o assunto em <http://www.ibccoaching.com.br/portal/coaching/como-funciona-avaliacao-360-graus/>.

Meu objetivo neste capítulo é o de fornecer uma ferramenta metodológica, parte do conjunto de formulários já apresentados aqui, para ligar conhecimento, competência e habilidades de cada colaborador aos objetivos da organização.

7.3 Contratações de colaboradores

Tenho defendido uma posição que pode soar radical, a de que as organizações (a maioria pelo menos, já que quase toda regra tem exceção) ainda contratam colaboradores baseadas apenas em informações existentes nos planos de cargos e salários, isso quando tais planos existem.

A meu ver, trata-se de um erro que pode ter consequências desastrosas e ainda trazer prejuízos financeiros, pois o processo de contratação geralmente é lento e dispendioso.

Empregar alguém pelo plano de cargos e salários muitas vezes leva as organizações a contratar a pessoa certa para o lugar errado ou, o que é muito pior, a pessoa errada para o lugar certo.

O plano de cargos e salários, na maioria das vezes, tem informações sobre:

- O cargo, claro;
- Plano de benefícios;
- Escolaridade requerida para o cargo;
- Tempo de experiência necessário;
- Salário;
- Faixa salarial;
- Plano de carreira;
- Plano médico-odontológico;
- Etc.

Entretanto, não existe nenhuma informação sobre:

- As responsabilidades do papel funcional que será preenchido com a contratação.
- As metas associadas à atividade e ao papel funcional.
- As métricas ou indicadores de desempenho com os quais o funcionário será aferido e com qual periodicidade (mensal, semestral, anual).
- Etc.

A Figura 7.1 resume a contratação com base no conjunto plano de cargos e salários e responsabilidades funcionais.

Avaliação de Desempenho Organizacional **197**

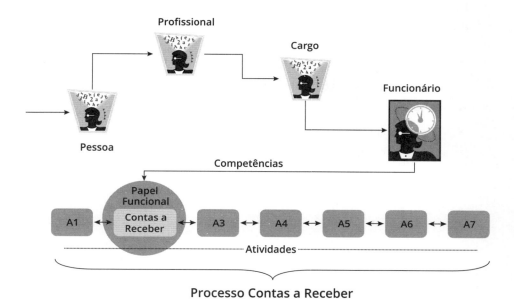

Figura 7.1 Processo de contratação pelo conjunto plano de cargos e salários e responsabilidades funcionais.

Vou explicar.

Quando surge uma vaga numa determinada área da organização, isso deve se dar pelo conjunto plano de cargos e salários e responsabilidades funcionais. Entretanto, como acontece na maioria das empresas, os processos não estão formalmente documentados ou, se estão, a documentação resume-se a fluxogramas,[1] o que torna impossível efetivar a contratação da forma correta.

Vou dar um exemplo ocorrido comigo.

Certa vez, eu estava contratando analistas de processos para um projeto em uma grande rede de supermercados com matriz em São Paulo. Para cada candidato eu levava cerca de 30 a 40 minutos explicando o trabalho e as características pessoais e funcionais que buscava para preencher aquelas vagas.

---

[1] Fluxogramas não documentam processos! Saiba mais em CRUZ, T. *Manual para gerenciamento de processos de negócio* – Metodologia DOMP™. São Paulo: Atlas, 2015.

Em resumo, eu dizia que buscava profissionais para preencher a vaga de analista de processos com as seguintes características:

- Gostasse mais de ouvir do que falar.
- Gostasse de estudar, pois cada projeto tem muito a ser aprendido.
- Gostasse de escrever.
- Gostasse de dinamismo, pois a vida de analistas de processos é de uma volatilidade muito grande, um dia você está em um projeto e no outro pode ser deslocado para outra cidade e até para outro país, mormente os que trabalham em empresas de consultoria.

Por fim, dando bastante ênfase eu colocava a última condição.

- Gostasse de interagir com pessoas, ter contato com pessoas, pois o nosso trabalho é feito essencialmente a partir da interação com pessoas.

Pois bem, houve um candidato que me disse:

> "Olha professor, esta vaga é muito interessante. Eu nem sabia que existia esta profissão, mas não quero o emprego não."
>
> "Por quê?", perguntei.
>
> "Porque eu não gosto de pessoas. Não gosto de interagir com pessoas. Meu negócio é máquina. Gosto de programar, de escovar bits, como se diz por aí."

Outro candidato me disse:

> "Professor, não quero o emprego."
>
> "Por quê?"
>
> "Porque eu não gosto de dinamismo. Não gosto de estar cada hora em um lugar. Gosto de fazer sempre a mesma coisa e de ir sempre pro mesmo lugar todo dia. Eu gosto da área financeira ou contábil."

Agora, conclusões sobre o exposto anteriormente.

Eu só pude dizer **exatamente** o que nós esperávamos dos profissionais que estavam sendo contratados porque tínhamos os processos formalmente documentados. Por isso eu pude dizer a cada candidato quais seriam as responsabilidades funcionais. Isso deu a possibilidade ao profissional de escolher aceitar ou não o emprego.

Caso não tivéssemos os processos documentados, o que ocorreria?

- Não saberíamos dizer quais seriam as responsabilidades funcionais do analista de processos.
- Poderíamos estar contratando a pessoa errada para o lugar certo.
- Estaríamos correndo o risco de contratar a pessoa certa para o lugar errado.
- Colocaríamos o projeto em risco de solução de continuidade.
- Estaríamos correndo o risco de "azedar" as relações, que eram excelentes, com o cliente por conta dos atrasos que os pedidos de demissão ocasionariam e das consequentes contratações.

7.4 O funcionOgrama

Nos capítulos anteriores vimos como documentar o planejamento estratégico, o plano tático, o operacional e os processos, as atividades e os procedimentos. Agora vamos ver o formulário que serve para documentar e gerenciar os recursos humanos da organização: o funcionOgrama.

7.4.1 Objetivos do formulário

O formulário para identificação do funcionário e de sua evolução funcional documenta a evolução profissional de cada colaborador dentro da organização. São três formulários. Este apresentado a seguir documenta o papel funcional em detalhes, tais como: nome do papel funcional, cargos ligados a ele, onde esses cargos se encontram na estrutura organizacional e as áreas raízes responsáveis. Ele documenta, também, processos onde o papel funcional está presente, responsabilidades em cada processo, especificações sobre formação e experiência e desenvolvimento de competências.

Nome da Organização: (1)		Metodologia DOMP™ Identificação funcionOgrama Papel Funcional – V11	(2)
DATA ORIGINAL (3)	DATA MODIFICAÇÃO (4)	Fase: (5)	Página: (6)
			(7)

PAPEL FUNCIONAL			
Nome do Papel Funcional	Cargos	Localizações Estrutura Organizacional	Raízes Responsáveis
(8)	(9)	(10)	(11)

DESCRIÇÃO DO PAPEL FUNCIONAL
(12)

ATUAL(IS) RESPONSÁVEL(IS) PELO PAPEL FUNCIONAL			
(13)			

ONDE O PAPEL FUNCIONAL ESTÁ PRESENTE			
#/#	ATIVIDADES	PROCESSOS / SUBPROCESSOS / ROTINAS	GEOLOCALIZAÇÕES
(14)	(15)	(16)	(17)

Nº	RESPONSABILIDADES
(18)	(19)

Continua

Nome da Organização: (1)		Metodologia DOMP™ Identificação funcionOgrama Papel Funcional – V11	(2)
DATA ORIGINAL (3)	DATA MODIFICAÇÃO (4)	Fase: (5) Página: (6)	(7)

NÍVEIS DE ALÇADAS DO PAPEL FUNCIONAL			
MÍNIMO	MÁXIMO	ATIVIDADE	PROCESSOS / SUBPROCESSOS / ROTINAS
(20)	(21)	(22)	(23)

FORMAÇÃO REQUERIDA	
FORMAL	EXPERIÊNCIA
(24)	(25)

Fonte: TRCR Knowledge, 2012.

Formulário Identificação do funcionário e da sua evolução funcional – parte I.

7.4.2 Campos do formulário

(1) Nome da organização, instituição, empresa etc.

(2) Logo da organização. Colocar aqui o logotipo da organização à qual pertença o projeto.

(3) Data original. Este campo deverá ser preenchido com a data do primeiro preenchimento do formulário. Em nenhuma hipótese esta data deve ser atualizada.

(4) Data modificação. Este campo será preenchido automaticamente com a data em que o formulário for aberto no Word ou sistema, independentemente de o formulário ser ou não modificado.

(5) Fase. As fases de um projeto de mapeamento, análise, modelagem, implantação e gerenciamento de processos de negócio são: "As Is" e "Will Be".

(6) Página. Este campo será preenchido automaticamente pelo Word ou sistema com o número de página do formulário, sempre com a notação 1/n.

(7) Logo da Metodologia DOMP™. Este campo não deve ser modificado. Deve conter sempre o logotipo da Metodologia DOMP™, que é marca registrada.

(8) Nome do papel funcional que está sendo documentado.

(9) Nome do cargo ao qual o papel funcional está ligado. Pode ser o mesmo nome do papel funcional.

(10) Localização do cargo na estrutura organizacional.

(11) Raízes funcionais. Nome do papel funcional responsável pelo papel funcional que está sendo documentado.

(12) Descrição do papel funcional.

(13) Nome dos funcionários que representam o papel funcional atualmente.

(14) Número sequencial.

(15) Atividades pelas quais o papel funcional é responsável. Lembre-se de que cada atividade deve ter um papel funcional responsável por ela. Um papel funcional pode ser responsável

por várias atividades. Um mesmo papel funcional pode ser representado por vários funcionários. Preencher uma linha para cada atividade-processo-subprocesso ou rotina.

(16) Nome do processo ou subprocesso e/ou rotinas correspondentes à atividade do campo (15) nos quais o papel funcional está presente.

(17) Geolocalizações das atividades pelas quais o papel funcional é responsável.

(18) Número sequencial que deve corresponder ao atribuído a cada atividade-processo-subprocesso ou rotina. Repetir o mesmo número para cada responsabilidade distinta.

(19) Listar as responsabilidades de forma resumida. Não escrever mais de uma responsabilidade por linha.

(20) Limite mínimo de alçada, caso o papel funcional a tenha.

(21) Limite máximo de alçada, caso o papel funcional a tenha.

(22) Atividade onde os limites de alçadas estão presentes.

(23) Nome do processo-subprocesso ou rotina onde a atividade está presente.

(24) Formação necessária para que um funcionário possa representar o papel funcional.

(25) Experiência necessária para que um funcionário possa representar o papel funcional.

Nome da Organização: (1)		Metodologia DOMP™ Identificação funcionOgrama Papel Funcional – V11	(2)
DATA ORIGINAL (3)	DATA MODIFICAÇÃO (4)	Fase: (5)	Página: (6)
			(7)

COMPETÊNCIAS REQUERIDAS As competências listadas aqui são referências mundiais. Elas estão ligadas às características que o funcionário deve ter e/ou desenvolver para executar/desempenhar suas responsabilidades.		
#	TÍTULO	DESCRIÇÃO
(26)	(27)	(28)

TECNOLOGIAS E METODOLOGIAS (QUE DEVE CONHECER / DOMINAR)	GRAU
(29)	(30)

Informações sobre criticidades: (31)

Continua

Nome da Organização: (1)

DATA ORIGINAL (3)

DATA MODIFICAÇÃO (4)

Metodologia DOMP™
Identificação funcionOgrama
Papel Funcional – V11 (2)

Fase: (5)

Página: (6)

(7)

RISCOS ASSOCIADOS AO PAPEL FUNCIONAL

Riscos (32)	E	M	L	# Tarefa	Atividade / Código do processOgrama	Código do Plano para Tratamento	Data & Versão
				(33)	(34)	(35)	(36)
Físico	E	M	L				
Químico	E	M	L				
Biológico	E	M	L				
Mecânico	E	M	L				
Ergonômico	E	M	L				
Emocional							

Observações: (37)

E = Elevado / M = Médio / L = Leve

Analista Responsável: (38)

Assinatura: (39)

Gerente do projeto: (40)

Assinatura: (41)

Código do Documento: (42)

Fonte: TRCR Knowledge, 2012.

Formulário Identificação do funcionário e da sua evolução funcional – parte II.

(26) Número sequencial.

(27) Nome da competência (ver tabela ao final deste manual).

(28) Descrição da competência (ver tabela ao final deste manual).

(29) Tecnologias e/ou metodologias que o funcionário deve conhecer e/ou dominar para que um funcionário possa representar o papel funcional.

(30) Grau de conhecimento e/ou domínio das tecnologias e/ou metodologias.

(31) Informações sobre criticidades inerentes ao papel funcional.

(32) Marcar com um X o nível de cada risco em cada tarefa. Níveis dos riscos, E = Elevado / M = Médio / L = Leve.

(33) Número da tarefa onde o risco existe. Este número é o mesmo que aparece na linha correspondente ao processOgrama.

(34) Nome da atividade e correspondente código ou nome do processOgrama. Cada atividade deve ter pelo menos um processOgrama associado, mas pode ter vários.

(35) Código ou nome do plano criado para impedir que o risco se concretize. Por exemplo: Plano de Ginástica Laboral.

(36) Data e versão do plano criado para impedir que o risco se concretize.

(37) Observações gerais.

(38) Nome do analista responsável pela documentação.

(39) Assinatura do analista responsável pela documentação.

(40) Nome do gerente responsável pela documentação.

(41) Assinatura do gerente responsável pela documentação.

(42) Código do documento. O código do documento só deve ser preenchido se a empresa/instituição/organização tiver uma estrutura de codificação de documentos. Se não houver essa estrutura, deixar o campo em branco, pois ela pode ser criada depois.

Este outro formulário, que faz parte da trilogia para identificação do funcionário e de sua evolução funcional, documenta a evolução do profissional dentro da organização.

Nome do Funcionário: (1)	Data de Admissão: (2)	Metodologia DOMP™ Identificação funcionOgrama Funcionário – V11	(3)
DATA ORIGINAL (4)	DATA MODIFICAÇÃO (5)	Fase: (6)	Página: (7)

(8)

HISTÓRICO DE PAPÉIS FUNCIONAIS			
Papéis Funcionais	Cargos	Localizações na Estrutura Organizacional	Raízes Responsáveis
(9)	(10)	(11)	(12)

EVOLUÇÃO FUNCIONAL			
Data da Última Avaliação	Data da Próxima Avaliação	Conceito Atingido	Avaliador
(13)	(14)	(15)	(16)

HISTÓRICOS PAPÉIS FUNCIONAIS / ATIVIDADES / PROCESSOS / SUBPROCESSOS / ROTINAS / GEOLOCALIZAÇÕES				
#	Papéis Funcionais	Atividades	Processos – Subprocessos – Rotinas	Geolocalizações
(17)	(18)	(19)	(20)	(21)

#	HISTÓRICO DAS RESPONSABILIDADES DOS PAPÉIS FUNCIONAIS
(22)	(23)

Continua

Nome do Funcionário: (1)	Data de Admissão: (2)	Metodologia DOMP™ Identificação funcionOgrama Funcionário – V11		(3)
DATA ORIGINAL (4)	DATA MODIFICAÇÃO (5)	Fase: (6)	Página: (7)	(8)

METAS & MÉTRICAS				
#/#	Anos	Atribuídas	Atingidas	Métricas
(24)	(25)	(26)	(26)	(27)

FORMAÇÃO		
Ano	Formal	Experiência
(28)	(29)	(30)

Fonte: TRCR Knowledge, 2012.

Formulário Identificação do funcionário e de sua evolução profissional – parte I.

7.4.3 Campos do formulário

(1) Nome do funcionário.

(2) Data de admissão do funcionário.

(3) Logo da organização. Colocar aqui o logotipo da organização à qual pertença o projeto.

(4) Data original. Este campo deverá ser preenchido com a data do primeiro preenchimento do formulário. Em nenhuma hipótese esta data deve ser atualizada.

(5) Data modificação. Este campo será preenchido automaticamente com a data em que o formulário for aberto no Word ou sistema, independentemente de o formulário ser ou não modificado.

(6) Fase. As fases de um projeto de mapeamento, análise, modelagem, implantação e gerenciamento de processos de negócio são: "As Is" e "Will Be".

(7) Página. Este campo será preenchido automaticamente pelo Word ou sistema com o número de página do formulário, sempre com a notação 1/n.

(8) Logo da Metodologia DOMP™. Este campo não deve ser modificado. Deve conter sempre o logotipo da Metodologia DOMP™, que é marca registrada.

(9) Nomes dos papéis funcionais que o funcionário já representou.

(10) Nomes dos cargos aos quais os papéis funcionais que o funcionário já representou estavam ligados.

(11) Localização dos cargos aos quais os papéis funcionais que o funcionário já representou estavam ligados na estrutura organizacional.

(12) Raízes funcionais. Nome dos papéis funcionais responsáveis pelos papéis funcionais que o funcionário já representou.

(13) Data da última avaliação do funcionário.

(14) Data da próxima avaliação do funcionário.

(15) Conceito atingido pelo funcionário na última avaliação.

(16) Nome do avaliador de desempenho na última avaliação.

(17) Número sequencial.

(18) Repetir o nome do papel funcional que está no campo (9).

(19) Atividade pela qual o papel funcional foi responsável.

Nome do Funcionário: (1)	Data de Admissão: (2)	Metodologia DOMP™ Identificação funcionOgrama Papel Funcional – V11		(3)
DATA ORIGINAL (4)	DATA MODIFICAÇÃO (5)	Fase: (6)	Página: (7)	_m_ (8)

COMPETÊNCIAS DESENVOLVIDAS		
Ano	Título	Descrição
(30)	(31)	(32)

TECNOLOGIAS E METODOLOGIAS QUE CONHECE E/OU DOMINA	GRAU
(33)	(34)

PLANO DE DESENVOLVIMENTO			
Datas	Curso / Treinamento	Local	Sim / Não
(35)	(36)	(37)	(38)

Observações: (39)

Analista Responsável: (40) Assinatura: (41)	Gerente do projeto: (42) Assinatura: (43)	Código do Documento: (44)

Fonte: TRCR Knowledge, 2012.

Formulário Identificação do funcionário e da sua evolução profissional – parte II.

Avaliação de Desempenho Organizacional **211**

(20) Nome do processo ou subprocesso e/ou rotinas correspondentes nos quais a atividade estava presente.

(21) Geolocalizações das atividades pelas quais o papel funcional foi responsável.

(22) Número sequencial que deve corresponder ao atribuído a cada atividade-processo-subprocesso ou rotina no campo (17). Repetir o mesmo número para cada responsabilidade distinta.

(23) Listar as responsabilidades de forma resumida. Não escrever mais de uma responsabilidade por linha.

(24) Este campo deve ser preenchido com os números dos campos (17) e (18), dessa forma: xx/xx. Isso estabelece correspondência entre metas, papéis funcionais e responsabilidades.

(25) Preencher com o ano de cada meta.

(26) Este campo tem dois preenchimentos: à esquerda, preencher com as metas que foram atribuídas, e à direita, com as metas atingidas (as realizadas). Preencher o campo "atribuídas" com as metas cheias e o campo "atingidas" com as porcentagens realizadas.

(27) Preencher com o nome da métrica que serve ou serviu para aferir o cumprimento da meta.

(28) Ano de conclusão e nome de cada curso realizado pelo funcionário, quer na organização, quer fora dela, na atual ou realizado em outros empregos.

(29) Histórico da experiência do funcionário.

(30) Ano de conclusão na formação da competência.

(31) Título ou nome da competência que o funcionário desenvolveu (ver tabela ao final deste manual).

(32) Descrição da competência desenvolvida pelo funcionário (ver tabela ao final deste manual).

(33) Tecnologias e/ou metodologias que o funcionário conhece e/ou domina.

(34) Grau de conhecimento e/ou de domínio das tecnologias e/ou metodologias.

212 CAPÍTULO 7

(35) Datas para a realização do plano de desenvolvimento funcional.

(36) Plano de desenvolvimento funcional. Preencher com o nome de cada curso planejado para o funcionário.

(37) Preencher com o nome da instituição que realizará o curso, país, cidade, estado etc.

(38) Passada a data prevista para a realização do treinamento, atualize este campo. Sim, se o treinamento se concretizou e não se por qualquer motivo o treinamento não se realizou.

(39) Observações gerais.

(40) Nome do analista responsável pela documentação.

(41) Assinatura do analista responsável pela documentação.

(42) Nome do gerente responsável pela documentação.

(43) Assinatura do gerente responsável pela documentação.

(44) Código do documento. O código do documento só deve ser preenchido se a empresa/instituição/organização tiver uma estrutura de codificação de documentos. Se não houver essa estrutura, deixar o campo em branco, pois ela pode ser criada depois.

Com base nessas informações, é possível realizar uma avaliação anual de desempenho correta, pois esta será baseada em dados e informações concretas. Muito diferente do que é feito na maioria das vezes, quando tais avaliações não estão baseadas nas responsabilidades funcionais e, se estão, não têm base porque na maioria das vezes os processos não estão formalmente documentados.

7.5 Quem avalia?

- O próprio colaborador (autoavaliação). Esta é a primeira parte da avaliação anual de desempenho.
- O gestor. Depois do funcionário é a vez de o gestor repassar a autoavaliação e dar suas contribuições.

- O colaborador e seu gestor. Ambos repassam a avaliação e discutem a evolução anual, pontos fortes, pontos fracos, sucessos e fracassos do colaborador.

- Se a organização adota a avaliação 360°, o passo seguinte é:

- Analisar todos os elementos que mantêm alguma interação com o avaliado (avaliação 360°).

- Uma comissão de avaliação repassa as avaliações para certificar-se de que não há desvios indesejáveis nas avaliações.

- O RH. Finalmente o RH fecha todas as avaliações e atualiza as fichas funcionais de cada colaborador.

Conclusão

Vimos neste capítulo que existem dezenas de métodos e técnicas para avaliação de desempenho organizacional. A esmagadora maioria é voltada à avaliação dos funcionários, pois as técnicas de avaliações de empresas se enquadram em outra categoria de avaliação.

Vimos, também, que as avaliações anuais de desempenho, na maioria das vezes, não estão baseadas em atribuições reais, concretas, senão em estimativas e desejos, uma vez que sem processos formalmente documentados e, por conseguinte, sem responsabilidades reais formalmente atribuídas fica difícil avaliar se o colaborador está ou não cumprindo o que lhe fora atribuído.

A base para atribuição de responsabilidades funcionais é o cálculo de capacidade instalada de produção na atividade ou atividades pelas quais o funcionário é responsável, seja na indústria de manufatura, seja na indústria de serviço.

Questões para debate

1. Você é capaz de dizer qual é a capacidade instalada de produção na atividade pela qual você é responsável, caso esteja trabalhando ou estagiando?

2. Quanto tempo você dispõe diariamente para fazer o que tem que fazer na empresa caso esteja trabalhando ou estagiando?

3. Você já recebeu, formalmente, um documento dizendo quais são suas responsabilidades funcionais?

4. Você já foi avaliado alguma vez nas empresas em que trabalhou?

5. Com base no que você leu aqui, qual a sua opinião sobre tais avaliações?

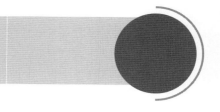

APÊNDICE

Relação de formulários utilizados no texto

Capítulo 2 – Planejamento Estratégico

Formulário Planejamento Estratégico – Resumo Geral.
Formulário Planejamento Estratégico – Objetivo & Estratégia(s) – Plano de Ação(ões).
Formulário Planejamento Estratégico – Atividades & Orçamento.
Formulário Planejamento Estratégico – Plano de Implantação.
Formulário Planejamento Estratégico – Objetivo – Atividades / Processo / Subprocesso / Rotina.
Formulário Planejamento Estratégico SWOT 01 – Pontos Fortes & Oportunidades.
Formulário Planejamento Estratégico SWOT 02 – Avaliação dos Pontos Fortes.
Formulário Planejamento Estratégico SWOT 03 – Pontos Fracos & Ameaças.
Formulário Planejamento Estratégico SWOT 04 – Avaliação dos Pontos Fracos.

Capítulo 3 – Planejamento Tático

Formulário Problemas, desempenho & metas.
Formulário Metas & FCS.

216 Apêndice

Formulário FCS & obstáculos.
Formulário Obstáculos & soluções.
Formulário Macroplano & FCS.
Formulário Plano de ação – Resumo Gerencial.

Capítulo 4 – Planejamento Operacional

Formulário Objetivo_Atividades_Proc_SubProc_Rot.
Formulário Info_prOcesso.
Formulário Info_Atividades_&_Metas.
Formulário Info_Atividade_Orçamento.

Capítulo 5 – Orçamentos de Investimentos & Operacional

Formulário Planejamento Estratégico – Atividades & Orçamento I.
Formulário Resumo geral do planejamento estratégico.
Formulário para a criação do plano de ação.
Formulário para definir orçamento para cada ação criada no plano de ações.
Formulário para orçar os custos com aquisições de bens e serviços.

Capítulo 6 – Processos de Negócio

Formulário Identificação do produto.
Formulário para identificação de processo.
Formulário para documentação de atividade.
Formulário para documentação de procedimentos.

Capítulo 7 – Avaliação de Desempenho Organizacional

Formulário Identificação do funcionário e da sua evolução funcional – parte I.
Formulário Identificação do funcionário e da sua evolução funcional – parte II.
Formulário Identificação do funcionário e da sua evolução profissional – parte I.
Formulário Identificação do funcionário e da sua evolução profissional – parte II.

REFERÊNCIAS

ALBERT, S. Knowledge management: living up to the hype?. *Midrange Systems*, 11(13), 7, Sept. 1998.

ANTHES, G. H. A step beyond a database. *Computerworld*, 25(9), 1991.

APPLEGATE, L.; CASH, J.; MILLS, D. Q. *Revolution in real time*: managing information technology in the 1990s. Boston: Harvard Business School Press, 1988.

_____. Information technology and tomorrow's manager. In: MCGOWAN, W. G. (Ed.). *Revolution in real time*: managing information technology in the 1990s. Boston: Harvard Business School Press, 1988.

ARGYRIS, C. Good communication that blocks learning. *Harvard Business Review*, July/Aug. 1994.

ARQUIVO NACIONAL. Conselho Nacional de Arquivos. *Classificação, temporalidade e destinação de documentos de arquivo; relativos às atividades-meio da administração pública*/Arquivo Nacional. Rio de Janeiro: Arquivo Nacional, 2001.

ARTHUR, W. B. Increasing returns and the new world of business. *Harvard Business Review*, July/Aug. 1996.

ASSOCIAÇÃO BRASILEIRA DE NORMAS TÉCNICAS. *ISO NBR 8420*: Gestão da qualidade e garantia da qualidade – Terminologia. São Paulo: ABNT, 1994.

BAIR, J. Knowledge management: the era of shared ideas. *Forbes*, 1(1), 22 Sept. 1997. (Supplement The Future of IT).

BANNISTER, D.; FRANSELLA, F. *Inquiring man*: the theory of personal constructs. New York: Penguin, 1971.

218 Referências

_____; _____. *Inquiring man*: the psychology of personal constructs. 3. ed. London: Croom Helm, 1986.

BARTLETT, C. A.; GHOSHAL, S. Changing the role of the top management: beyond systems to people. *Harvard Business Review*, May/June 1995.

BENNIS, W. A funny thing happened on the way to the future. In: LEAVITT, H.; PINFIELD, L.; WEBB, E. (Ed.). *Organizations of the future*: interaction with the external environment. New York: Praeger, 1974.

_____; NANUS, B. *Leaders: the strategies for taking charge*. New York: Harper & Row, 1985.

BETHLEM, Agrícola de Souza. *Estratégia empresarial*: conceitos, processos e administração estratégica. 6. ed. São Paulo: Atlas, 2009.

BETTIS, R.; PRAHALAD, C. K. The dominant logic: retrospective and extension. *Strategic Management Journal*, 16 Jan. 1995.

BOLAND, R. J. The in-formation of information systems. In: _____; Hirschheim, R. (Ed.). *Critical issues in information systems research*. Chichester: Wiley, 1987. p. 363-379.

_____; TENKASI, R. V.; TE'ENI, D. Designing information technology to support distributed cognition. *Organization Science*, 5(3), Aug. 1994.

BROWN, S. L.; EISENHARDT, K. M. The art of continuous change: linking complexity theory and time-paced evolution in relentlessly shifting organizations. *Administrative Science Quarterly*, 42(1), Mar. 1997.

BRUNER, J. *Acts of meaning*. Cambridge, MA: Harvard University Press, 1990.

CANDLIN, D. B.; WRIGHT, S. Managing the introduction of expert systems. *International Journal of Operations & Production Management*, 12(1), 1992.

CHORAFAS, D. N. Expert systems at the banker's reach. *International Journal of Bank Marketing*, 5(4), 1987.

CHURCHMAN, C. W. *The design of inquiring systems*. New York: Basic Books, 1971.

COOPER, D. J.; HAYES, D.; WOLF, F. Accounting in organized anarchies: understanding and designing accounting systems in ambiguous situations. *Accounting, Organizations and Society*, 6(3), 1981.

CRUZ, Tadeu. *Manual para gerenciamento de processos de negócio – Metodologia DOMP™*: documentação, organização e melhoria de processos. São Paulo: Atlas, 2015.

_____. *Sistemas, organização & métodos*. 4. ed. São Paulo: Atlas, 2013.

DAFT, R. L.; WEICK, K. E. Toward a model of organizations as interpretation systems. *Academy of Management Review*, 9.

DAVENPORT, T. H. Saving IT's soul: human-centered information management. *Harvard Business Review*, Mar./Apr. 1994.

_____. Think tank: the future of knowledge management. *CIO*, 15 Dec. 1995.

_____; PRUSAK, L. *Working knowledge*: how organizations manage what they know. Boston, MA: Harvard Business School Press, 1998.

DAVIDOW, W. H.; MALONE, M. S. *The virtual corporation*. New York: Harper Collins, 1992.

DEWEY, J. *How we think*. Boston, MA: D. C. Heath and Company, 1933.

DRAGOON, A. Knowledge management: Rx for success. *CIO*, 8(18), July 1995.

DRUCKER, P. F. *Post-capitalist society*. New York: Harper-Business, 1994.

_____. The theory of business. *Harvard Business Review*, Sept./Oct. 1994.

Eisenhardt, K. M. Making fast strategic decisions in high-velocity environments. *Academy of Management Journal*, 32(3), 1989.

_____. Speed and strategic choice: accelerating decision-making. *Planning Review*, 20(5), Sept./Oct. 1992.

EMERY, F. E.; TRIST, E. L. The causal texture of organizational environments. *Human Relations*, 18 Nov. 1965.

FIOL, C. M. Consensus, diversity, and learning in organizations. *Organization Science*, 5(3), Aug. 1994.

FISCHMANN, Adalberto Américo; ALMEIDA, Martinho Isnard Ribeiro de. *Planejamento estratégico na prática*. 2. ed. São Paulo: Atlas, 2007.

FLICK, Uwe. *Uma introdução à pesquisa qualitativa*. Porto Alegre: Bookman, 2004.

FORD, N. From information-to knowledge-management. *Journal of Information Science Principles & Practice*, 15(4,5), 1989.

GHOSHAL, S.; BARTLETT, C. A. Rebuilding behavioral context: a blueprint for corporate renewal. *Sloan Management Review*, Winter 1996.

GILL, T. G. High-tech hidebound: case studies of information technologies that inhibit organizational learning. *Accounting, Management and Information Technologies*, 5(1), 1995.

GOPAL, C.; GAGNON, J. Knowledge, information, learning and the IS manager. *Computerworld*, 1(5), 1995. (Leadership).

HAMEL, G.; PRAHALAD, C. K. *Competing for the future*. Boston, MA: Harvard Business School Press, 1994.

HANDY, C. *The age of unreason*. Boston, MA: Harvard Business School Press, 1990.

220 Referências

HEDBERG, B. How organizations learn and unlearn. In: Nystrom, P.; Starbuck, W. (Ed.). *Handbook of organizational design*. New York: Oxford University Press, 1981.

_____; JONSSON, S. Designing semi-confusing information systems for organizations in changing environments. *Accounting, Organizations and Society*, 3(1), 1978.

_____ et al. Camping on seesaws: prescriptions for a self-designing organization. *Administrative Science Quarterly*, 21, 1976.

HIBBARD, J. Ernst & Young deploys app for knowledge management. *Information Week*, 28 July 1997.

HUBER, G. P. The nature and design of post-industrial organizations. *Management Science*, 30 (8), 1984.

_____; GLICK, W. H. *Organizational change and redesign*: ideas and insights for improving performance. New York: Oxford University Press, 1993.

IMAI, K.; NONAKA, I.; TAKEUCHI, H. Managing the new product development process: how japanese companies learn and unlearn. In: CLARK, K.; HAYES, R.; LORENZ, c. (Ed.). *The uneasy alliance*. Boston, MA: Harvard Business School Press, 1985.

ISAD(G): Norma geral internacional de descrição arquivística: segunda edição, adotada pelo Comitê de Normas de Descrição, Estocolmo, Suécia, 19-22 de setembro de 1999, versão final aprovada pelo CIA. Rio de Janeiro: Arquivo Nacional, 2000.

ISDIAH: Norma internacional para descrição de instituições com acervo arquivístico/Conselho Internacional de Arquivos. Tradução de Vitor Manoel Marques da Fonseca. Rio de Janeiro: Arquivo Nacional, 2009.

KANTER, R. M. *The change masters*: innovation & entrepreneurship in the american corporation. New York: Simon & Schuster, 1984.

KELLY, G. A. *A theory of personality*: the psychology of personal constructs. New York: W. W. Norton, 1963.

KERR, S. Creating the boundaryless organization: the radical reconstruction of organization capabilities. *Planning Review*, Sept./Oct. 1995.

KNOWLEDGE management consulting gives CPAs a competitive edge. *CPA Journal*. 68(8), Aug. 1998.

KOCH, C.; FABRIS, P. Fail safe. *CIO*, 9(5), 1 Dec. 1995.

LANDAU, M. On the concept of self-correcting organizations. *Public Administration Review*, Nov./Dec. 1973.

LANDAU, M.; STOUT JR., R. To manage is not to control: or the folly of type II errors. *Public Administration Review*, Mar./Apr. 1979.

LEONARD-BARTON, D. *Wellsprings of knowledge*: building and sustaining the sources of innovation. Boston, MA: Harvard Business School Press, 1995.

MAGLITTA, J. Smarten up!. *Computerworld*, 29(23), 5 June 1995.

_____. Know-how, Inc. *Computerworld*, 30(1), 15 Jan. 1996.

MALHOTRA, Y. Tools@work: deciphering the knowledge management hype. *Journal for Quality & Participation*, 21(4), July/Aug. 1998.

MALONE, T. W.; CROWSTON, K. Toward an interdisciplinary theory of coordination. *Technical Report 120*, Center for Coordination Science, MIT, 1991.

MANVILLE, B.; FOOTE, N. Harvest your workers' knowledge. *Datamation*, July 1996.

MARCH, J. G. The technology of foolishness. *Civilokonomen*, May 1971.

MASON, R. O.; MITROFF, I. I. A program for research on management information systems. *Management Science*, 19(5), Jan. 1973.

MASON, R. P. A dialectical approach to strategic planning. *Management Science*, 15(8), Apr. 1969.

MAXIMIANO, Antonio Cesar Amaru. *Administração para empreendedores*. 2. ed. São Paulo: Pearson, 2011.

MISSÃO e visão Agenda Assessoria. Disponível em: <http://www.agendaassessoria.com.br/>. Acesso em: 6 fev. 2015.

MISSÃO e visão Caterpillar. Disponível em: <http://www.caterpillar.com/pt/company/sustainability/vision-mission-strategy.html>. Acesso em: 5 fev. 2015.

MISSÃO e visão Facebook. Disponível em: <https://www.facebook.com/pg/facebook/about/?ref=page_internal>. Acesso em: 6 fev. 2015.

MORRIS, C. W. *Foundations of the theory of signs*. Chicago: University of Chicago Press, 1938.

NADLER, D. A.; SHAW, R. B. Change leadership: core competency for the twenty-first century. In: _____; _____; WALTON, A. E. *Discontinuous change*: leading organizational transformation. San Francisco: Jossey-Bass, 1995.

_____; _____; WALTON, A. E. (Ed.). *Discontinuous change*: leading organizational trans-formation. San Francisco: Jossey-Bass, 1995.

NONAKA, I.; TAKEUCHI, H. *The knowledge-creating company*. New York: Oxford University Press, 1995.

OLIVEIRA, Djalma de Pinho Rebouças. *Planejamento estratégico*: conceitos, metodologia, práticas. 33. ed. São Paulo: Atlas, 2015.

222 Referências

OMG. *Business Process Modeling Notation (BPMN)*. Version 2.0. OMG Document Number: format/2013-10-03.

PETERS, T. *Thriving on chaos*: handbook for a management revolution. London: Pan Books, 1989.

RICHARDSON, R. J. et al. *Pesquisa social, métodos e técnicas*. São Paulo: Atlas, 1999.

SCHÖN, D. A. *The reflective practitioner*: how professionals think in action. New York: Basic Books, 1983.

SENGE, P. M. *The fifth discipline*: the art and practice of the learning organization. New York: Doubleday, 1990a.

_____. The leader's new work: building learning organizations. *Sloan Management Review*, 32(1), 1994.

SLACK, N. et al. *Administração da produção*. São Paulo: Atlas, 2010.

SHEN, S. Knowledge management. *Decision Support Systems*, 3(1), 1987.

STAMPER, R. Semantics. In: BOLAND, R. J.; HIRSCHHEIM, R. (Ed.). *Critical issues in information systems research*. Chichester: Wiley, 1987. p. 43-78.

STEWART, T. A. *Intellectual capital*: the new wealth of organizations. New York: Doubleday: Currency, 1997.

_____; KAUFMAN, D. C. Getting real about brainpower. *Fortune*, 11 Dec. 1995.

Stout JR., R. *Management or control?*: the organizational challenge. Bloomington: Indiana University Press, 1980.

STRAPKO, W. Knowledge management. *Software Magazine*, 10(13), 1990.

STROMBACH, W. Information in epistemological and ontological perspective. In: MITCHAM, C.; HUNING, A. (Ed.). *Philosophy and technology II*: information technology and computers in theory and practice. Dordrecht: D. Reidel Publishing, 1986.

TAVARES, Mauro Calixta. *Gestão estratégica*. 2. ed. São Paulo: Atlas, 2005.

TAYLOR, W. C. Control in an age of chaos. *Harvard Business Review*, Nov./Dec. 1994.

THIOLLENT, M. *Pesquisa-ação nas organizações*. São Paulo: Atlas, 1997.

VALLE, R. et al. *O conhecimento em ação*. Rio de Janeiro: Relume Dumará, 2003.

VISÃO e valores, McDonald's. Disponível em: <http://www.mcdonalds.com.br/>. Acesso em: 6 fev. 2015.

WAINER, J. et al. *Informática, organização e sociedade no Brasil*. São Paulo: Cortez, 2003.

WILLETT, S.; COPELAND, L. Knowledge management key to IBM's enterprise plan. *Computer Reseller News*, 27 July 1998.

ZELENY, M. Management support systems. *Human Systems Management*, 7(1), 1987.

ZUBOFF, S. The emperor's new workplace. *Scientific American*, 273(3), Sept. 1995.

ZUCKERMAN, A.; BUELL, H. Is the world ready for knowledge management?. *Quality Progress*, 31(6), 1998.

Pré-impressão, impressão e acabamento

grafica@editorasantuario.com.br
www.editorasantuario.com.br
Aparecida-SP